天主降生後一千八百九十四年

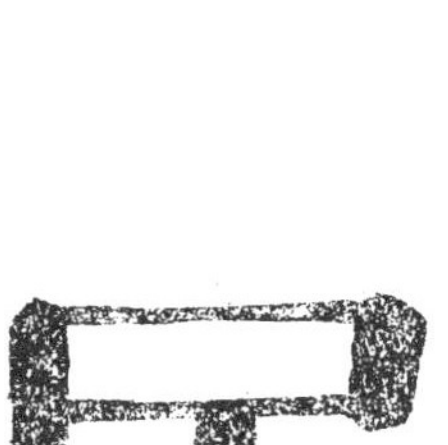

朝鮮開國五百三年甲午　漢陽駱洞英國聖敎會新刊

凡例

一此書各大文先以漢文筆之次以諺文譯解之

이글은각대문에몬저한문으로써쓰고다음에언문으로써번역ᄒᆞ야푸노라

一第上篇名以漢文諺文首題如三王來朝

우회편명을한문과언문으로써머리에셧시니삼왕이와됴회ᄒᆞᆫ거시란것ᄀᆞᆺᄒᆞ니라

一書中凡有國名地名皆以屈折行標於其旁如耶路撒廩

글가온대ᄂᆞᆫ무릇나라희일홈이나땅의일홈이나잇ᄂᆞᆫ대다곱을곱을ᄒᆞᆫ줄노써그겻희표ᄒᆞ엿ᄉᆞ니

예루사름ᄀᆞᆺᄒᆞ니라

一書中凡有人名皆以直行標於其旁如瑪利亜

글가온대ᄂᆞᆫ무릇사름의일홈이잇ᄂᆞᆫ대다곳은줄노써그겻희표ᄒᆞ엿ᄉᆞ니마리아ᄀᆞᆺᄒᆞ니라

一西國地名人名以漢文難以繙譯又是音不相符可以諺文讀之

서국땅일홈과사름일홈이한문으로써번역ᄒᆞ기어렵고또이에음이서로맛지아니ᄒᆞ니가히언문으로써닑으라

照萬民光目錄

序

夫創造宇宙萬物之　天主乃天地主不居人手造之殿亦無有所需不爲人手所事乃以生命氣息萬物予衆

우쥬와만물을비로소문ᄃᆞ신　텬쥬ᄂᆞᆫ이에하ᄂᆞᆯ과땅을쥬쟝ᄒᆞ시니사ᄅᆞᆷ의손으로지은집에거ᄒᆞ지아니ᄒᆞ시고또ᄒᆞᆫᄇᆞ라ᄂᆞᆫ바ㅣ업ᄉᆞ며사ᄅᆞᆷ의손으로셤김을위ᄒᆞ지아니ᄒᆞ시고이에목숨과긔운과만물노써뭇사ᄅᆞᆷ을주시ᄂᆞ니라

主造萬國本於一脈地以居之時以定之界以限之欲令衆人尋求　主或可揣摩得之

쥬ㅣ만국을지으샤ᄒᆞᆫ혈ᄆᆡᆨ에근본ᄒᆞ시ᄃᆡ땅으로써살게ᄒᆞ시며때로써뎡ᄒᆞ시며디경으로써한뎡ᄒᆞ심은뭇사ᄅᆞᆷ으로ᄒᆞ여곰　쥬를찻고구ᄒᆞ야혹가히혜아려엇게코쟈ᄒᆞ심이니라

然　主離我不遠蓋我等賴之而生而動而存如古人有云我等爲其赤子焉

그러나　쥬ㅣ우리를떠나심이멀지아니ᄒᆞ시니대개우리무리가힘닙어사라움즉이고잇ᄂᆞᆫ거시녯사ᄅᆞᆷ이닐ᄋᆞᄃᆡ우리무리가그아ᄃᆞᆯ이된다ᄒᆞᆷ과ᄀᆞᆺᄒᆞ니

既爲　天主赤子則　天主之體不可以若金若銀若石人工機巧琢之

임의 텬쥬의아ᄃᆞᆯ이되엿시니곳 텬쥬의톄ᄅᆞᆯ가히금이나은이나돌노써장인이긔계공교홈으로죠ᄎᆞ지못홀지니라

往者冒昧以行 天主不咎今命各處之人皆當悔改定一日將以所立之人審判天下且從死中復活之俾衆證信焉

이왕에는어두옴을무릅써써힝ᄒᆞᆫ거슬 텬쥬ᄭᅴ셔허물치아니ᄒᆞ셧거니와이제는각처사ᄅᆞᆷ을명ᄒᆞ야다맛당히뉘웃처곳쳐라ᄒᆞ시고ᄒᆞᆫ날을뎡ᄒᆞ야쟝ᄎᆞᆺ셰우신바사ᄅᆞᆷ(셰우신바사ᄅᆞᆷ은예수ㅣ시니라곳일쳔팔ᄇᆡᆨ여년젼에세샹에강ᄉᆡᆼᄒᆞ시며죽엇다가다시사라나셔ᄒᆞᄂᆞᆯ에오라시니쟝ᄅᆡ에텬하ᄅᆞᆯ판단ᄒᆞ라다시오시리라)으로써텬하ᄅᆞᆯ술펴판단ᄒᆞ실ᄯᅥ이니또ᄒᆞᆫ죽음가온대ᄅᆞᆯ조차다시살게ᄒᆞ샤뭇사ᄅᆞᆷ으로ᄒᆞ여곰증참ᄒᆞ야밋게ᄒᆞ시니라

○耶穌所行之事所傳之道多人自始親見又以考證之事次第筆之於書欲令衆深知之

예수ㅣ힝ᄒᆞᆫ신바일과젼ᄒᆞᆫ신바도ᄅᆞᆯ만흔사ᄅᆞᆷ이처음부터친히보고또샹고ᄒᆞ고증참ᄒᆞᆫ일노써ᄎᆞ례로글에써셔뭇사ᄅᆞᆷ으로ᄒᆞ여곰깁히알게코쟈홈이니라

而其全書雖不可見今頗蒐輯以爲此書授之爾等資其講習

그온글을비록가히보지못ᄒᆞ나이제ᄌᆞ못슈집ᄒᆞ야

써이글을믄ᄃᆞ라너희무리로주노니그강ᄒᆞ고닉임을ᄌᆞ뢰ᄒᆞ라

耶穌在門徒前又多行異跡未記於此書惟記此使爾信耶穌爲 天主之子且信之可因其名而得生矣

예수ㅣ문도압희계셔또긔이ᄒᆞᆫ힝젹을만히힝ᄒᆞ시되이글에긔록지아니ᄒᆞ고오직이ᄅᆞᆯ긔록ᄒᆞ야너희로ᄒᆞ여곰 예수ㅣ 텬쥬의아ᄃᆞᆯ되시ᄂᆞᆫ줄을밋고또ᄒᆞᆫ밋음으로가히그일홈을(일홈은예수의지극ᄒᆞᆫ덕과셩총과큰공훈을ᄀᆞᄅᆞ침이라)인ᄒᆞ야샹셩을(샹셩은덧덧ᄒᆞ고무궁히사ᄂᆞᆫ거시라)엇게홈이니라

照萬民光

만민을빗최는빗치라

耶穌聖母領報

예수의셩모ㅣ보홈을밧으시는거시라

天神甲悅奉 天主命往加利里亞拿慈勒邑臨童貞女瑪利亞大衛族要習所聘者天神入告曰蒙聖寵瑪利亞欸賀爾 主與爾同駐女人中爾受寵福矣瑪利亞見之訝其言思問安曷故天神曰瑪利亞勿懼爾得天主恩將妊而生子命名 耶穌彼將爲大稱 至上者之子 主天主予以厥祖大衛之位永爲爺伋一家主其國靡暨瑪利亞對曰我未適人何由得此天神曰

聖神將臨爾 至上者之力將庇爾是以所生之聖者得稱 天主子且爾親戚杲尼沙伯老而妊子素稱不妊者今已六月矣蓋 天主無所不能也瑪利亞曰主之婢待令于此願如爾言天神去

텬신갑열이 (갑열은텬신의일홈이라텬신은텬쥬ㅣ우쥬와만물을ᄆᆞᆫ드시기젼에ᄆᆞᆫ드신쟈ㅣ니몸업서지극히아ᄅᆞᆷ답고지극히착ᄒᆞᆫ슌젼ᄒᆞᆫ신이라그텬신들이수업서셔텬쥬의거륵ᄒᆞᆫ신좌젼에잇고그귀ᄒᆞᆫ신얼골을뵈아ᄒᆞᆼ샹텬쥬를송양ᄒᆞ고텬쥬의명령을밧아셰샹사ᄅᆞᆷ의게뵈여ᄀᆞᄅᆞ치시ᄂᆞ니라) 텬쥬의명령을밧드러가리릐아 (예수ㅣ강싱ᄒᆞ실ᄯᅢ에그유ᄒᆞ신나라ᄒᆞᆫ유더아국이니북도ᄂᆞᆫ가리릐아이오남도ᄂᆞᆫ유다이오가온대도ᄂᆞᆫ사마리아이라닐ᄏᆞᄅᆞᄂᆞ니라) 나ᄌᆞ릇이라ᄒᆞᄂᆞᆫ고을에가셔동뎡녀마리아다위 (다위ᄂᆞᆫ그젼에유더아국다ᄉᆞ린녯님군의일홈이라) 겨레요습의빙문ᄒᆞ신바쟈의게림ᄒᆞ시니텬신이드러가고ᄒᆞ야ᄀᆞᆯᄋᆞ샤ᄃᆡ셩총

을닙으신마리아여네게하례ᄒᆞᄂᆞ이다 쥬ㅣ너와ᄒᆞᆷ가지로계시니녀인중에너ㅣ홍복을밧아계시도소이다ᄒᆞ시니마리아ㅣ보고그말을의심ᄒᆞ야문안ᄒᆞᆷ은엇던연고인고ᄉᆡᆼ각ᄒᆞ거늘텬신이ᄀᆞᆯᄋᆞ샤ᄃᆡ마리아ㅣ두려워말지어다너ㅣ 텬쥬은춍을엇어장ᄎᆞᆺ잉ᄐᆡᄒᆞ야아ᄃᆞᆯ을나흐리니일홈을명ᄒᆞ야 예수ㅣ라ᄒᆞ라뎌ㅣ장ᄎᆞᆺ크게되여지극히놉흐신쟈의아ᄃᆞᆯ이라닐ᄏᆞᆯ거시오 쥬텬쥬ᄭᅴ셔그죠샹다위의어좌로써주샤기리야곱(야곱은그나라죠샹의일홈이라)의일가의님군이되여그나라히긋치지아니ᄒᆞ리라ᄒᆞ시니마리아ㅣ ᄃᆡ답ᄒᆞ야ᄀᆞᆯᄋᆞ샤ᄃᆡ나ㅣ사ᄅᆞᆷ의게가지못ᄒᆞ엿시니엇지ᄒᆞᆷ을말ᄆᆡ암아이ᄅᆞᆯ엇으리오ᄒᆞ시니텬신이ᄀᆞᆯᄋᆞ샤ᄃᆡ 셩신이장ᄎᆞᆺ네게림ᄒᆞ샤지극히놉흐신쟈의힘이장ᄎᆞᆺ너ᄅᆞᆯ덥허그ᄂᆞᆯ시리니이러므로써나실바거륵ᄒᆞᆫ신쟈ㅣ시러곰 텬쥬아ᄃᆞᆯ이라닐ᄏᆞᆯ거시오또ᄒᆞᆫ네친척엘니사벳(엘니사벳은이아래ᄀᆞᄅᆞ쳐뵐셩인요안세쟈의모친일홈이라)늙엇서도아ᄃᆞᆯ을ᄇᆡ엿시니본ᄃᆡ아회ᄇᆡ지못ᄒᆞᆫ다닐ᄏᆞᆫ쟈ㅣ로ᄃᆡ이졔임의여ᄉᆞᆺᄃᆞᆯ되엿ᄂᆞ니대개 텬쥬ᄂᆞᆫ능치못ᄒᆞ시ᄂᆞᆫ바ㅣ업ᄂᆞ니라마리아ㅣᄀᆞᆯᄋᆞ샤ᄃᆡ쥬의죵이여긔ᄃᆡ령ᄒᆞ오니네말ᄉᆞᆷ과ᄀᆞᆺ기ᄅᆞᆯᄇᆞ라ᄂᆞ이다ᄒᆞ시니텬신이가시니라

耶穌誕生

예수ㅣ탄ᄉᆡᆼᄒᆞ신거시라

耶穌基利斯督之生其事如左母瑪利亞爲要習所聘未昏感　聖神而孕其夫要習義人也不欲顯辱之而欲私休之思念間　主之使者見夢曰大衛之裔要習其取爾妻瑪利亞以歸勿疑蓋所孕者感於　聖神也彼必生子可名曰　耶穌以將救其民於罪惡中如是主托先知所言應矣曰童貞女孕而生子人稱其名以瑪累臬譯即　天主偕我焉要習寤遵　主使者命取之以歸但未與同室待生冢子○當時勢撒詔天下人登籍衆往登籍各歸其邑要習乃大衛族系以故去加

利里亞拿撒勒邑詣猶太至大衛本居白多稟之邑與所聘妻登籍時瑪利亞已妊寓彼孕旣及期遂生冢子裹以布寢於槽客舍無隙處故也

예수그리스도ㅣ(그리스도는예수의특별ᄒᆞᆫ일홈이라번역ᄒᆞ면곳향고로바르신쟈ㅣ니넷적은그직분ᄒᆞ기젼에향고로바른쟈ㅣ세가지잇ᄉᆞ니국왕과션지쟈와제ᄉᆞ쟈ㅣ니라예수ㅣ이세가지직분다ᄌᆞ긔ᄒᆞ신고로그리스도ㅣ라닐ᄏᆞ르니라예수ㅣ국왕직분이라ᄒᆞᆷ은텬쥬아ᄃᆞᆯ이시니텬하를쥬장ᄒᆞ시며션지쟈직분이라ᄒᆞᆷ은온갖일을미리ᄉᆞ스로알아텬하사ᄅᆞᆷ을ᄀᆞᄅᆞ쳐ᄭᆡᄃᆞᆺ게ᄒᆞ시며제ᄉᆞ쟈직분이라ᄒᆞᆷ은ᄌᆞ긔일ᄉᆡᆼ죽도록텬쥬명을직희여힘ᄒᆞ시고ᄯᅩᄒᆞᆫ죽으실ᄯᅢ에모든사ᄅᆞᆷ을ᄃᆡ신ᄒᆞ야죄를속ᄒᆞ야주셧시니홀노효험ᄒᆞ시ᄂᆞᆫ제ᄉᆞ를텬쥬긔드리셧ᄂᆞ니라)나시미그ᄉᆞ적이아래와ᄀᆞᆺᄒᆞ니라셩모마리아ㅣ요습의빙문ᄒᆞᆫ바ㅣ되여혼인치못ᄒᆞ여셔　셩신을감동ᄒᆞ야아희ᄇᆡ신지라그남편요습은의로온사ᄅᆞᆷ이라현저히욕되게코쟈아

니ᄒᆞ고ᄉᆞᄉᆞ로이ᄇᆞ리고쟈ᄒᆞ더니셩각ᄒᆞᆯᄉᆞ이에
쥬의ᄉᆞ쟈ㅣ(텬신이라) 꿈에뵈여ᄀᆞᆯᄋᆞ샤ᄃᆡ 다윗의후예
요셉아네가안ᄒᆡ마리아를취ᄒᆞ야써도타오고의심
치말나대개잉ᄐᆡᄒᆞᆫ신바쟈ᄂᆞᆫ 셩신을감동ᄒᆞ심
이라뎌ㅣ반ᄃᆞ시아ᄃᆞᆯ을나흐리니가히일홈ᄒᆞ야
ᄀᆞᆯᄋᆞᄃᆡ 예수ㅣ라ᄒᆞ라써쟝ᄎᆞᆺ그ᄇᆡᆨ셩을죄악가
온대셔구완ᄒᆞ시리라이러케된거ᄉᆞᆫ 쥬ㅣ션지
쟈(션지쟈ᄂᆞᆫ미리아ᄂᆞᆫ쟈ㅣ니녯적에셩신을감동ᄒᆞ야 쥬의ᄯᅳᆺ슬미리알고사ᄅᆞᆷ의게젼ᄒᆞ시ᄂᆞᆫ셩인이니라) 텬의게부
탁ᄒᆞ야말ᄉᆞᆷᄒᆞᆫ신바를응ᄒᆞ엿시니ᄀᆞᆯᄋᆞ샤ᄃᆡ동졍
녀ㅣ잉ᄐᆡᄒᆞ야아ᄃᆞᆯ을나흐매사ᄅᆞᆷ이그일홈을이
마뉴엘이라닐ᄏᆞ를거시니번역ᄒᆞ면곳 텬쥬ㅣ
우리와ᄒᆞᆷ끠ᄒᆞ심이니라요셉이ᄭᆡ여 쥬의ᄉᆞ쟈
(텬신이라)의명을좃차안ᄒᆡ를취ᄒᆞ야써도라오매다못더
부러동실치아니ᄒᆞ고죵ᄌᆞ낫키를기ᄃᆞ렷더니당
시에세살이(세살은그ᄯᅢ에셔국을 모도쥬장ᄒᆞᄂᆞᆫ님군이라) 텬하사ᄅᆞᆷ의게죠셔
ᄒᆞ야호젹을올닐ᄉᆡ뭇사ᄅᆞᆷ이가셔호젹을올나각
각그고을에도라가더라요셉은이에다윗의족계
니이런고로써가리리아나자릇고을에셔떠나셔
유다에나아가다윗의본향벳드름이라ᄒᆞᄂᆞᆫ고을
에니ᄅᆞ니빙문ᄒᆞᆫ바안ᄒᆡ로더부러호젹을오를ᄉᆡ
때에마리아ㅣ임의잉ᄐᆡᄒᆞᆫ신지라뎌긔붓치여계
시매잉ᄐᆡᄒᆞ심이임의긔약에밋쳣시니드ᄃᆡ여총

ᄌᆞ믈나호셔뵈로써싸시고구유에잠재우심은나
그내집에듬업ᄂᆞᆫ연고이니라

○野有牧者於夜迭守群羊　主之使者降臨　主之光華環照牧者大懼使者曰勿懼我報爾嘉音關衆民之大喜者也今日於大衛之邑爲爾生　救主基利斯督將見嬰兒裹於布寢於槽是其號矣倐有衆天軍偕使者讚美　天主云上則榮歸　天主下則和平人沐恩澤矣諸天神升天而去牧人相告曰我等且往白多廩觀　主示我之事急往見瑪利亞要習槽中果有嬰寢焉既見則以天神所示嬰兒事遐邇播揚聞者奇之瑪利亞以此言默識於心牧者以所見所聞悉如天神言歸榮讚美　天主而反○八日既屆爲嬰行割損禮命名　耶穌卽未妊時天神所稱者

들에목쟈ㅣ잇서밤에무리양을서로직희더니
쥬의ᄉᆞ쟈ㅣ(텬신이라)강림ᄒᆞ샤 쥬의광화ㅣ두루빗최
ᄂᆞᆫ지라목쟈ㅣ크게두려워ᄒᆞ거ᄂᆞᆯᄉᆞ쟈ㅣ골ᄋᆞ샤
ᄃᆡ두려워말나나ㅣ너희게아름다온긔별을보ᄒᆞ
노니뭇ᄇᆡᆨ셩의큰깃붐을계관ᄒᆞᆯ거시라오ᄂᆞᆯ다윗
의고을에너희를위ᄒᆞ야 구셰쥬(구셰쥬ᄂᆞᆫ셰샹을구완ᄒᆞ시ᄂᆞᆫ쥬ㅣ시니라)
그리스도ㅣ탄셩ᄒᆞ야계시니쟝ᄎᆞᆺ어린아ᄒᆡ뵈에
싸여구유에잠재워계심을보리니이ᄂᆞᆫ그표호ᄒᆞ
ᄂᆞᆫ거시라ᄒᆞ시니믄득뭇텬군(텬군은텬쥬의군ᄉᆞ노릇ᄒᆞᄂᆞᆫ텬신이라)이잇

서ᄉᆞ쟈로ᄒᆞᆷ께ᄒᆞ고 텬쥬를찬미ᄒᆞ야닐ᄋᆞ샤ᄃᆡ
우희ᄂᆞᆫ(우희ᄂᆞᆫ곳하ᄂᆞᆯ에셔말이라) 영화를 텬쥬께돌니고아래ᄂᆞᆫ
(아래ᄂᆞᆫ곳ᄯᅡ희셔말이라) 화평ᄒᆞ야사ᄅᆞᆷ이은혜와덕틱을목욕ᄒᆞ
리로다ᄒᆞ시더라모든텬신이하ᄂᆞᆯ에올나가거ᄂᆞᆯ
목쟈ㅣ서로고ᄒᆞ야ᄀᆞᆯᄋᆞᄃᆡ우리무리ᄯᅩᄒᆞᆫ벳드름
에가셔 텬쥬ㅣ우리게뵈신일을구경ᄒᆞ리라ᄒᆞ
고급히가셔마리아와요솝을보니구유가온대과
연영히계셔죵으시더라임의보매곳텬신이뵈신
바어린아히일노써멀고갓가온ᄃᆡ젼파ᄒᆞ니듯ᄂᆞᆫ
쟈ㅣ긔이히녁이되마리아ᄂᆞᆫ이말노써ᄆᆞ음에좀
좀히셩각ᄒᆞ시고목쟈ㅣ본바와드른바로써다텬
신의말ᄉᆞᆷ과ᄀᆞᆺᄒᆞ니영화를돌녀 텬쥬를찬미ᄒᆞ

고도라가더라팔일이임의니르매영히할손례(할손례ᄂᆞᆫ
유더아사ᄅᆞᆷ이녯셩교ᄃᆡ로힝ᄒᆞᆫ례도ㅣ니녯적에그나라사ᄅᆞᆷ의아ᄃᆞᆯ이나거든맛당히그례도ᄅᆞᆯ힝ᄒᆞ고아희일홈을두엇ᄂᆞ니라) 힝
ᄒᆞ심을위ᄒᆞ고일홈을명ᄒᆞ야예수ㅣ라ᄒᆞ니곳잉
틱ᄒᆞ시지아니ᄒᆞᆫ엿실때에텬신이칭ᄒᆞᆫ신바쟈ㅣ
러라

三王來朝

삼왕이와됴회ᄒᆞᆫ거시라

希路多王時 耶穌旣生於猶太白多廪博士自東方
至耶路撒廪曰生而爲猶低亞人王者安在我在東方
見其星故來拜之希路多王聞而懼擧耶路撒廪皆然
乃召司敎者士子問曰 基利斯督當何處生僉曰猶
太白多廪昔先知者載曰猶太地白多廪乎在猶太郡
中爾非最小者蓋將有君於爾是出以牧我以斯羅列
民矣於是希路多密召博士詳問星見之時遂遣之往
白多廪云爾往勤訪嬰兒遇則告我我亦將往拜博士
聞命而行忽東方所見之星前導至嬰兒所居則止其

上博士見星喜不自勝入室見嬰及母瑪利亞俯伏拜
嬰啓寶盒以黃金乳香沒藥諸物獻博士夢中得默示
令勿反見希路多則由他途而歸

혜로더ㅣ (혜로더는그때에총왕셰살부탁ᄒᆞᆫ야유다아국을다ᄉᆞ리는님군이라) 왕때에 예수ㅣ
임의유다벳드름에나시매마지 (마지는박ᄉᆞ와ᄀᆞᆺ흔말이니삼왕의공번되이닐ᄏᆞᆺ
ᄂᆞᆫ일홈이라번역ᄒᆞ면널니아ᄂᆞᆫ쟈ㅣ니동방나라히뎐문통달ᄒᆞᆫ쟈를마지라부르ᄂᆞᆫ지라) 동방으로부터
예루사름 (예루사름은유더아국경셩이라) 에니르러골ᄋᆞᄃᆡ탄셩ᄒᆞ야
유더아사ᄅᆞᆷ의님군될쟈ㅣ어ᄃᆡ계시뇨우리가동
방에잇서그별을 (예수ㅣ강싱ᄒᆞ실때에샹셔별이동방에뵈니삼왕이션지쟈ㅣ녯글에이런별이구셰쥬탄
싱ᄒᆞ신날에나타내겟단말미리ᄒᆞᆫ신줄을알앗ᄂᆞ니라) 본고로절ᄒᆞ려왓노라ᄒᆞᆫ니혜ㅣ
로더왕이듯고두려워ᄒᆞ고온예루사름다그러ᄒᆞ

더라이에ᄉᆞ교쟈와션비물불너셔무러골ᄋᆞᄃᆡ
그리스도ㅣ맛당히어ᄂᆞ곳에나ᄂᆞ냐ᄒᆞ니다골ᄋᆞ
ᄃᆡ유다벳드름이니이다넷션지쟈긔록ᄒᆞ야골ᄋᆞ
샤ᄃᆡ유다땅벳드름이여유다고올즁에너ㅣᄀᆞ장
적은쟈ㅣ아니라대개쟝ᄎᆞᆺ님군이네게나실셔써
내이스라엘(이스라엘은야곱셩인의일홈이니본국의웃듬조샹이됨으로유더아빅셩을닐ᄏᆞ라이스라엘이라ᄒᆞᄂᆞ니라)
빅셩을거ᄂᆞ리라ᄒᆞ엿ᄂᆞ이다이에헤로더ㅣᄀᆞ만
이마지를불너별뵈이던때를ᄌᆞ세히뭇고드ᄃᆡ여
보내여벳드름에가라ᄒᆞ야닐ᄋᆞᄃᆡ너희가셔영히
를부ᄌᆞ런이ᄎᆞ자맛나거든곳내게고ᄒᆞ라나도또
ᄒᆞᆫ쟝ᄎᆞᆺ가셔절ᄒᆞ리라ᄒᆞ니마지명령을듯고힝ᄒᆞᆯ

ᄉᆡ문득동방에셔뵈이던바별이압희인도ᄒᆞ거놀
영히거ᄒᆞᆫ신곳에니ᄅᆞ러곳그우희굿친지라마지
별을보고깃붐을스ᄉᆞ로이긔지못ᄒᆞ야집에드러
가영히와밋셩모마리아를보고업ᄃᆡ여영히의게
절ᄒᆞ고보비합을여러황금과유향과몰약례물노
써드리다(세가지례물이다긔이ᄒᆞᆫ뜻이잇ᄉᆞ니황금은다ᄉᆞᆺ가지금즁에웃듬이라세샹님군긔공밧치ᄂᆞᆫ물건이니삼왕이오쥬예수ㅣ만왕의왕이심을밋어드림이오유향은사ᄅᆞᆷ이텬쥬압희뮈워그ᄆᆞᄋᆞᆷ의공경을일외ᄂᆞᆫ물건이니삼왕이예수ㅣ춤텬쥬ㅣ심을밋어드림이오몰약은죽은몸에발나오래석지아니케ᄒᆞᄂᆞᆫ물건이니삼왕이예수ㅣ비록텬쥬ㅣ시나겸ᄒᆞ야춤사ᄅᆞᆷ이신고로다ᄅᆞᆫ날에죽으심을밧은후다시살아나석기에니ᄅᆞ지아니심을밋어드림이라)
마지꿈가온대좀좀히ᄀᆞ
ᄅᆞ치심을엇어ᄒᆞ여곰도라가헤로더를보지말나
고ᄒᆞ시니다ᄅᆞᆫ길노도라가니라

耶穌領洗

예수ㅣ셰례밧으신거시라

要翰在曠野施洗悔改之洗禮俾得罪赦擧猶太地耶路撒凜人出就之各言己罪悉在饒湯江受洗於要翰要翰言曰後我來者更勝於我卽屈而解其履帶亦不堪焉我以水施洗而彼將以 聖神施洗爾也時耶穌自加利里亞拿慈勒至饒湯江受洗於要翰由水而上見天開有 聖神如鴿降臨其上自天有聲云爾乃我愛子吾喜悅者

요안이(요안은예수ㅣ탄싱ᄒᆞ시기젼두어달에그어버이의뜻밧긔텬쥬의특별ᄒᆞᆫ셩춍으로나시ᄂᆞᆫ자ㅣ니라모티로부터셩신을ᄀᆞ득히닙으니빅셩을권ᄒᆞ야죄악을ᄇᆞ리고뎡도로도라오게ᄒᆞ야예수압회몬져힝ᄒᆞᄂᆞᆫ대셩인이니라그부친의일홈은자가리아ㅣ요모친의일홈은엘니사벳이니셩모마리아의겨레라셩인이예수긔셰례를주엇시니요안셰쟈ㅣ라닐ᄏᆞ르니라)

잇서셰례를베풀고회기셰례(셰ᄂᆞᆫ물노씻기ᄂᆞᆫ거시니라회ᄀᆡ셰례ᄂᆞᆫ요안의말ᄉᆞᆷ을듯고죄악을ᄇᆞ리고져ᄒᆞᄂᆞᆫ쟈ㅣ셩인의게셰례밧아셔회ᄀᆡᄒᆞᄂᆞᆫᄆᆞ음을뵈이ᄂᆞᆫ례도ㅣ니라)를젼ᄒᆞᆯ서ᄒᆞ여곰죄샤ᄒᆞᆷ을엇게ᄒᆞ니온유다땅과예루사름사름이나아가셔각각ᄌᆞ긔죄를말ᄒᆞ고다요당강에잇서셰례를요안의게밧으니요안이말ᄒᆞ야ᄀᆞᆯᄋᆞ되내뒤에오시ᄂᆞᆫ쟈ᄂᆞᆫ나보덤나흐시니곳내가굴복ᄒᆞ야그신ᄭᅳᆫ을풀기에도ᄯᅩᄒᆞᆫ감당치못ᄒᆞᆯ거시니라나ᄂᆞᆫ물노써셰례를베풀거니와뎌ᄂᆞᆫ쟝ᄎᆞᆺ 셩신으로써너희게셰례를베프리라ᄒᆞ더라때에 예수ㅣ가리리아나자릇으로부터요당강에니르러셰례를요안

의게밧으시고강물노조차올나오시매보니하놀
이열니며 셩신이비듥이굿치그우회강림ᄒᆞ시
고하놀노부터소리잇서(이는텬쥬ㅣ셔말솜ᄒᆞ시는소리ㅣ니라)닐ᄋᆞ샤되
너는이에내ᄉᆞ랑ᄒᆞ는아돌이니나를깃부게ᄒᆞ는
바쟈ㅣ라ᄒᆞ시더라

耶穌見試於魔鬼

예수ㅣ시험을마귀끠보신거시라

耶穌年甫三十彼 聖神引適廣野見試於魔鬼禁食四十日夜饑試者就之曰爾若 天主子此石可令爲餅 耶穌曰經有之人得生不惟餅惟 天主所命魔鬼攜之至聖京升之殿頂曰爾若 天主子可投下經有之 主命天神扶爾免足觸石 耶穌曰經亦有之勿試 主天主魔鬼復攜彼登最高之山以天下列國尊榮示之曰若俯伏拜我悉以予爾 耶穌曰撤但退經有之當拜 主天主獨崇事焉於是魔鬼離 耶穌天神至而服事之

예수ㅣ나히겨우삼십에 셩신의인도ᄒᆞ심을닙어광야에가셔시험홈을마귀ᄭᅴ보실ᄉᆡ (마귀ᄂᆞᆫ아조괴악ᄒᆞᆫ귀신들의괴슈ㅣ니라텬쥬ㅣ처음에무수ᄒᆞᆫ텬신을내셧더니그즁에거만ᄒᆞᆫ죄를범ᄒᆞᆫ쟈ㅣ아조괴악ᄒᆞᆫ귀신되엿ᄂᆞ니라) 음식을금ᄒᆞ신지밤낫ᄉᆞ십일에주리신지라시험ᄒᆞᄂᆞᆫ쟈ㅣ (마귀니라) 나아와골ᄋᆞ되너ㅣ만일 텬쥬아ᄃᆞᆯ이면이돌을가히명ᄒᆞ야떡이되게ᄒᆞ라ᄒᆞ니 예수ㅣ골ᄋᆞ샤ᄃᆡ경에잇ᄉᆞ니사ᄅᆞᆷ을살니ᄂᆞᆫ거시떡뿐아니라오직 텬쥬ㅣ명ᄒᆞ신바ㅣ라ᄒᆞ시니라마귀가잇글고셩경에 (셩경은유더아국셔울이니곳예[illegible]사ᄅᆞᆷ이라) 니르러셩뎐 (셩뎐은텬쥬뫼시ᄂᆞᆫ당이라) 꼭닥이에올나골ᄋᆞ되너ㅣ만일 텬쥬아ᄃᆞᆯ이면가히ᄯᅥ여ᄂᆞ려가라경에잇ᄉᆞ니 쥬ㅣ텬신을명ᄒᆞ샤너를붓들어네발이돌에다지라기를면케ᄒᆞᆫ다ᄒᆞ니 예수ㅣ골ᄋᆞ샤ᄃᆡ경에ᄯᅩᄒᆞᆫ잇ᄉᆞ니 쥬네텬쥬를시험치말나ᄒᆞ시니라마귀가다시뎌를잇글고ᄀᆞ장놉흔산에올나텬하의모든나라와그놉흔영화로써뵈여골ᄋᆞᄃᆡ만일업ᄃᆡ여내게절ᄒᆞ면다써너를주리라ᄒᆞ니 예수ㅣ골ᄋᆞ샤ᄃᆡ사단아 (사단은마귀본일홈이니번역ᄒᆞ면원슈ㅣ니곳사ᄅᆞᆷ을거ᄉᆞ리ᄂᆞᆫ쟈니라) 물너가라경에잇ᄉᆞ니맛당히 쥬네텬쥬ᄭᅴ절ᄒᆞ야홀노놉히셤기라ᄒᆞ시니라이에마귀가 예수를떠나고텬신이니르러복ᄉᆞᄒᆞ니라

耶穌連日所行

예수ㅣ날마다힝ᄒᆞᆫ신거시라

耶穌大爲 聖神所感歸加利里亞聲名洋溢四方在會堂敎誨衆歸榮之 耶穌至拿撒勒卽其長育之地於安息日循例入會堂立而誦讀有以先知者以賽亞書與之開卷見所載云 主之 聖神臨我膏我傳福音於貧人傷心者醫之告虜者得釋瞽者得明壓者得自由以宣 主之禧年 耶穌掩卷授執事而坐會堂衆人注目視之 耶穌曰爾聞是經今日應矣衆稱之奇其口出嘉言

예수ㅣ(예수ㅣ요안의게셰례밧으시고마귀의시험을보실때에그년셰는삼십셰되셧시니그때로부터삼십삼셰되시기ᄭᆞ지유더아국곳곳두루ᄃᆞᆫ니샤어진일과긔이ᄒᆞᆫ힝적을힝ᄒᆞ시고셩교를ᄉᆞ방에젼ᄒᆞ샤삼십삼셰에위워ᄒᆞᆫ논원슈들의시비를마져셔죽으심을닙으셧ᄂᆞ니라)

(그삼년동안에힝ᄒᆞ신일을여긔모도긔록지못ᄒᆞ되다만이아리글올슈집ᄒᆞ야긔록ᄒᆞᄂᆞ니라) 크게 셩신의감동ᄒᆞᆫ신바ㅣ되샤가리리아에도라가시니일홈이ᄉᆞ방에양양히넘치더라회당에(회당은유더아국고을마다셰워셩경을닑ᄂᆞᆫ집이라)계셔ᄀᆞᄅᆞ치시니뭇사ᄅᆞᆷ이영화를돌니더라 예수ㅣ나자릇에니ᄅᆞ시니곳그자라고기ᄅᆞ시던ᄯᅡᇰ이더라안식일에(안식일은유더아국녯적에츈하츄동철일마다일을못ᄒᆞ고텬쥬를공경ᄒᆞᄂᆞᆫ날이라)법례를좃차회당에드러가셔셔외오고닑으시니션지쟈이서아(이서아ᄂᆞᆫ예수ㅣ강싱ᄒᆞ시기젼칠ᄇᆡᆨ여년에텬쥬의ᄯᅳᆺ을미리알고글을지으신셩인의일홈이라)의글노써쥼이잇거ᄂᆞᆯ칙을열고시른바를보시니날ᄋᆞ샤ᄃᆡ 쥬의 셩신이내게림ᄒᆞ시고나를고텨

교뎍흠은녯적에유대아션지쟈ㅣ졔직분ᄒᆞ기젼에향고롤닙히ᄂᆞᆫ거시니그향고롤닙ᄂᆞᆫ거ᄉᆞᆫ셩신의협곽셰다람을닙ᄂᆞᆫ거식보람이니라ᄒᆞ심은날노ᄒᆞ여곰가ᄂᆞᆫᄒᆞᆫ사ᄅᆞᆷ의게복음을 복음은깃분소리이니곳셰샹구완ᄒᆞᆷ을긔별ᄒᆞᄂᆞᆫ거시라 젼ᄒᆞ며ᄆᆞ음상ᄒᆞᆫ쟈롤의치ᄒᆞ며사로잡은쟈ᄂᆞᆫ노흠을얻고눈먼쟈ᄂᆞᆫ밝음을엇고눌닌쟈ᄂᆞᆫᄉᆞᄉᆞ로말미암을엇ᄂᆞᆫ거슬고ᄒᆞ야써쥬의복된히롤반포ᄒᆞ려ᄒᆞ심이니라 예수ㅣ척을덥혀집ᄉᆞ롤주시고안즙시니회당에모든사ᄅᆞᆷ이눈을쏘와보더라예수ㅣ글ᄋᆞ사ᄃᆡ너희가이셩경을드럿시니오ᄂᆞᆯ날에응홈에되엿도다ᄒᆞ시니뭇사ᄅᆞᆷ이칭찬ᄒᆞ고그입에셔아ᄅᆞᆷ다온말ᄉᆞᆷ나오ᄂᆞᆫ거슬긔이히넉이더라

○耶穌周流加利里亞在諸會堂教誨傳天國福音醫民疾病聲名洋溢叙利亞有負病疾苦附鬼顚癇癱瘋者人携就　耶穌　耶穌醫之時加利里亞低加泡利耶路撒廩猶太饒湯外群衆從焉　耶穌見衆登山而坐門徒既集啓口教之曰虛心者福矣以天國乃其國也哀慟者福矣以其將受慰也溫柔者福矣以其將得土也慕義如饑渴者福矣以其將得飽也矜恤者福矣以其將見矜恤也清心者福矣以其將見　天主也和平者福矣以其將稱爲　天主子也爲義而見逼迫者福矣以天國乃其國也爲我而受人詬誶逼迫惡言誹謗者福矣當欣喜歡樂以在天爾得賞者大也蓋人迫

逼先知者自昔然矣 耶穌言竟衆奇其訓以其教人若操權者不同講經者也

예수ㅣ가리리아에두루ᄃᆞᆫ길셔모든회당에계셔ᄀᆞᄅᆞ쳐텬국복음을(텬국복음은텬쥬나라희깃분소리이니라곳텬쥬ㅣ비록하ᄂᆞᆯ과ᄯᅡ와사ᄅᆞᆷ과만물을ᄆᆞᆫᄃᆞ라쥬장ᄒᆞ시나사ᄅᆞᆷ이텬쥬ᄭᅴ죄를만히닙어셔거역ᄒᆞ여어ᄀᆡ여졋시니예수ㅣ하ᄂᆞᆯ에셔강림ᄒᆞ샤텬쥬의명령을새로ᄌᆞ세히ᄀᆞᄅᆞ쳐쥬샤세샹나라가온대셩교회를나라처럼세우시니텬하사ᄅᆞᆷ으로ᄒᆞ여곰그교회에드러가셔텬쥬의셩춍과도으심을닙어텬쥬의명령을직희고죽도록됴흔힝실만힝ᄒᆞ야죽은후에텬당에드러가텬쥬압희영영히잇서지극ᄒᆞᆫ복을누리게ᄒᆞ려ᄒᆞ시니라그러므로텬국은특별ᄒᆞᆫ뜻시둘이잇ᄂᆞ니혹셰샹에셰운셩교회를ᄀᆞᄅᆞ치고혹죽은후에착ᄒᆞᆫ사ᄅᆞᆷ이누릴텬당을ᄀᆞᄅᆞ치ᄂᆞ니라)젼ᄒᆞ시고ᄇᆡᆨ셩의병을의치ᄒᆞ시니일홈이싀리아에(싀리아ᄂᆞᆫ유대아국북편에니은나라히라)양양히넘치더라병실난쟈와고셩ᄒᆞᄂᆞᆫ쟈와마귀들난쟈와간질알ᄂᆞᆫ쟈와풍병든쟈를사ᄅᆞᆷ이잇글고예수ᄭᅴ나오거ᄂᆞᆯ예수ㅣ곳쳐주시니라그때에가리리아와더가포리와(더가포리ᄂᆞᆫ요당강건너유더아국붓친ᄯᅡᆼ이라)예루사름과유다와요당강밧긔셔만흔무리좃더라예수ㅣ뭇사ᄅᆞᆷ을보시고산에올나안즈시니문도ㅣ임의모도인지라입을열어ᄀᆞᄅᆞ쳐ᄀᆞᆯᄋᆞ샤ᄃᆡ허심ᄒᆞᄂᆞᆫ쟈ㅣ(허심은겸손ᄒᆞ야스ᄉᆞ로거만치아니홈이니라)복이로다텬국이이에그런사ᄅᆞᆷ의나라히니라이통ᄒᆞᄂᆞᆫ쟈ㅣ(이통은슬피통곡홈이니라)복이로다그런사ᄅᆞᆷ이쟝ᄎᆞᆺ위로를밧으리라온유ᄒᆞᄂᆞᆫ쟈ㅣ(온유ᄂᆞᆫ온화ᄒᆞ고부드러옴이니라)복이로다그런사ᄅᆞᆷ이쟝ᄎᆞᆺᄯᅡ흘엇으리라인의ᄉᆞ모ᄒᆞ기를주리고목마름과ᄀᆞᆺ치ᄒᆞᄂᆞᆫ쟈ㅣ복이로다그런사ᄅᆞᆷ이쟝ᄎᆞᆺ비부름을엇으리

라궁휼ᄒᆞᄂᆞᆫ쟈ㅣ(궁휼은남을궁측이녀이고어엿비녀임이니라)복이로다그런사ᄅᆞᆷ이쟝ᄎᆞᆺ궁휼ᄒᆞᆷ을보리라청심ᄒᆞᄂᆞᆫ쟈ㅣ(청심은ᄆᆞ옴을ᄆᆞᆰ혀조찰ᄒᆞᆷ이니라)복이로다그런사ᄅᆞᆷ이쟝ᄎᆞᆺ텬쥬ᄅᆞᆯ뵈이리라화평ᄒᆞᄂᆞᆫ쟈ㅣ(화평은화히ᄒᆞ고평순ᄒᆞᆷ이니라)복이로다그런사ᄅᆞᆷ이쟝ᄎᆞᆺ텬쥬의아ᄃᆞᆯ이라닐ᄏᆞᄅᆞ리라올흔일을위ᄒᆞ야핍박을보ᄂᆞᆫ쟈ㅣ복이로다텬국이이에그런사ᄅᆞᆷ의나라히니라나ᄅᆞᆯ위ᄒᆞ야놈의욕과핍박과악ᄒᆞᆫ말과비방을밧ᄂᆞᆫ쟈ㅣ복이니맛당히깃부고즐거워ᄒᆞ야하ᄂᆞᆯ에잇서너희가샹주심을엇음이크리라대개사ᄅᆞᆷ이션지쟈들을핍박ᄒᆞᄂᆞᆫ거시네로부터그러ᄒᆞ니라 예수ㅣ말ᄉᆞᆷ을ᄆᆞᆺ치시매뭇사ᄅᆞᆷ이그ᄀᆞᄅᆞ치심을긔이히녁이니그ᄀᆞᄅᆞ치심이권세잡은쟈와ᄀᆞᆺ고강경쟈(강경쟈ᄂᆞᆫ유대아국ᄇᆡᆨ셩의게넷글을푸ᄂᆞᆫ선비라)와ᄀᆞᆺ지아니ᄒᆞ더라

○耶蘇召十二門徒賜之權逐邪神醫疾病十二宗徒之名如左首侍滿稱伯多樓及同生安多利亞西比太子翁古甫及同生要翰腓利甫發道路買奧道瑪稅吏瑪太奧謁貝奧子翁古甫達陡侍滿稱銳賣師以色加畧人猶多斯 耶蘇既命十二宗徒乃離彼往諸邑設教傳道

예수ㅣ십이문도ᄅᆞᆯ불너권세ᄅᆞᆯ주시고샤특ᄒᆞᆫ귀신을좃ᄎᆞ며병을의치ᄒᆞ라ᄒᆞ시더라십이종도의(종도

(는 모든 문도 중에 특별히 밋부고 갈흰 사ᄅᆞᆷ이니라) 일홈이 아래와 ᄀᆞᆺᄒᆞ니 읏듬은 시
몬이 베드루ㅣ라 닐ᄏᆞᆺ는 이와 밋 동싱 안드릐아와셔
비ᄃᆡ의 아ᄃᆞᆯ 야고버(종도 중에 야고버ㅣ라 ᄒᆞ는 사ᄅᆞᆷ 둘이니 이는 쟝 야고버ㅣ라 닐ᄏᆞᆺᄂᆞ니라)와 밋
동싱 요안과 비리버와 발도로메오와 도마와 셰라(셰리는 구실 밧는 아젼이니 그젼에 셩 마태오 ᄒᆞᆫ 싱업이라)
마태오와 알패오의 아ᄃᆞᆯ 야고버(알픽오의 아ᄃᆞᆯ은 ᄎᆞ야고버ㅣ라 ᄒᆞ니라)와 다두와 시몬이 날닌쟈ㅣ라 닐ᄏᆞᆺ는
이와 스승을(예수ㅣ라) 팔고 너웅홀 이석가략인 유다스ㅣ
더라 예수ㅣ 임의 십이 종도를 명령ᄒᆞ샤 이에 더긔
셔 떠나 모든 고을에 가셔 셩교를 베풀고 도를 젼ᄒᆞ시
다

○要翰在獄聞基利斯督行事遣二門徒問 耶穌
照萬民光 《예수년일쇼힝》 五十九
曰當來者爾乎抑他人是望乎 耶穌曰即爾所見所
聞往告要翰如瞽者明跛者行癩者潔聾者聽死者甦
貧者聞福音凡不我厭而棄者福矣

요안이 옥에 잇서(요안 셰쟈ㅣ 예수긔 셰를 준 후에 빅셩을 권ᄒᆞᆯ식 악ᄒᆞᆫ 님군 헤로더를 간ᄒᆞ엿시니 옥에 가도이다)
그리스도의 힝ᄒᆞᆫ 신일을 듯고 두 문도를 보내여 예
수ᄭᅴ 무러 ᄀᆞᆯᄋᆞᄃᆡ 맛당히 오실 쟈ㅣ 너ㅣ냐(유더아 국 사ᄅᆞᆷ이 녯글을 닑어셔 다 구셰쟈 ᄒᆞ나 오실 줄을 알고 어느 ᄯᆡ에 나타날 줄을 ᄌᆞ셰히 몰낫시니 요안이 문도를 분부ᄒᆞ야 예수ㅣ 맛당히 오실 구셰쟈ㅣ냐 아니냐 알아보라 보내엿ᄂᆞ니라) 혹 다른 사ᄅᆞᆷ을 ᄇᆞ랄 터ㅣ냐 ᄒᆞ니 예
수ㅣ ᄀᆞᆯᄋᆞ샤ᄃᆡ 곳 너희 보는 바와 듯는 바를 가셔 요
안의게 고ᄒᆞ라 눈먼 쟈는 눈 ᄇᆞᆰ고 저는 쟈는 ᄃᆞᆫ니고
문동이는 새로 조찰ᄒᆞ고 귀먹은 쟈는 귀 ᄇᆞᆰ고 죽은

쟈ᄂᆞᆫ사라나고가난ᄒᆞᆫ쟈ᄂᆞᆫ복음을(셰샹구완ᄒᆞᆷ을긔별ᄒᆞᄂᆞᆫ깃분소리라)듯
ᄂᆞᆫ거시나무릇나ᄅᆞᆯ슬희여ᄇᆞ리지아니ᄒᆞᄂᆞᆫ쟈ㅣ
복되리라ᄒᆞ시니라

○耶穌至勢撒利亞肶立比之境問其徒曰我人子也人言爲誰門徒曰有言要翰洗者有言以利亞有言耶利米亞抑先知者之一　耶穌曰惟爾謂我誰耶侍滿伯多樓對曰師乃眞生　天主子　基利斯督也　耶穌曰侍滿發要拿爾有福矣以有血氣者不示爾乃我在天之　父示之也我又語爾爾乃伯多樓我將建我會於此磐而陰間不能勝我以天國之鑰賜爾凡爾繫於地者在天亦繫之釋於地者在天亦釋之遂戒門徒

勿以己爲　基利斯督告人○自是　耶穌示門徒以己必往耶路撒廩而受頭民司敎者講經者之害且見殺三日復活伯多樓援而止之曰　主不可願勿有此耶穌顧伯多樓曰撒但退爾阻我以爾不體　天主之情乃人之情耳　耶穌語門徒曰欲爲我徒則當克己負十字架以從欲救生命者反喪之爲我而喪生命者反得之利盡天下而失生命者何益之有人將以何者易生命乎人子以　父之榮偕其天神將臨視人所行而報之

예수ㅣ셰살리아비립비(셰살리아ㅣ라ᄒᆞᄂᆞᆫ고을은유더아국에둘잇ᄉᆞ니이ᄂᆞᆫ비립비ㅣ라ᄒᆞᄂᆞᆫ님군이셰워북편가리리아에붓친ᄯᅡ이라)디경에니르러그문도의게무러골

ᄋᆞ샤ᄃᆡ 나ᄂᆞᆫ 인ᄌᆞㅣ어놀 인ᄌᆞᄂᆞᆫ사ᄅᆞᆷ의아ᄃᆞᆯ이라ᄒᆞᄂᆞᆫ말이니곳오쥬예수의일흠이라예수ㅣ춤텬쥬아ᄃᆞᆯ이라도ᄯᅩᄒᆞᆫ춤사ᄅᆞᆷ이시니자조ᄌᆞ긔ᄅᆞᆯ지목ᄒᆞ야말ᄒᆞ실ᄯᅢ에인ᄌᆞㅣ라ᄒᆞ셧ᄂᆞ니라 사ᄅᆞᆷ이 말ᄒᆞ되 누구ㅣ라ᄒᆞᄂᆞ뇨ᄒᆞ시니 문도ㅣᄀᆞᆯᄋᆞᄃᆡ 요안 세쟈ㅣ라 말ᄒᆞᄂᆞᆫ이도 잇고 에리아ㅣ라 말ᄒᆞᄂᆞᆫ이도 잇고 예리미아ㅣ라도ᄒᆞ고 혹 션지쟈ㅣ나ㅣ라 말ᄒᆞᄂᆞᆫ이도 잇ᄂᆞ이다ᄒᆞᄂᆞ니라 에리아ᄂᆞᆫ오쥬예수강싱ᄒᆞ시기젼구ᄇᆡᆨ여년에나신션지쟈ㅣ요예리미아ᄂᆞᆫ예수강싱ᄒᆞ시기젼륙ᄇᆡᆨ여년에나신션지쟈ㅣ니유더아ᄇᆡᆨ셩이예수의됴흔ᄒᆡᆼ젹과말ᄉᆞᆷ을보니녯션지쟈ㅣ다시사라나신줄을아랏ᄂᆞ니라 예수ㅣᄀᆞᆯᄋᆞ샤ᄃᆡ 오직 너희ᄂᆞᆫ 나ᄅᆞᆯ 누구ㅣ라 닐ᄋᆞᄂᆞ뇨ᄒᆞ시니 시몬 베드루ㅣᄃᆡᄒᆞ야 ᄀᆞᆯᄋᆞᄃᆡ 스승은 이에 춤 ᄉᆡᆼ활ᄒᆞ시ᄂᆞᆫ 텬쥬의 아ᄃᆞᆯ 그리스도ㅣ로소이다ᄒᆞ니 예수ㅣᄀᆞᆯᄋᆞ샤ᄃᆡ 시몬 발요나야 발요나ᄂᆞᆫ유더아국말이니번역ᄒᆞ면곳요나의아ᄃᆞᆯ이니

라ᄒᆞᄂᆞᆫ말이라요나ᄂᆞᆫ셩베드루의부친일홈이라 너ᄂᆞᆫ 복잇도다 혈긔잇ᄂᆞᆫ쟈ㅣ 혈긔잇ᄂᆞᆫ쟈ᄂᆞᆫ곳아모셰샹에사ᄂᆞᆫ사ᄅᆞᆷ이라 너ᄅᆞᆯ 알게ᄒᆞᆷ이 아니요 이에 내 하ᄂᆞᆯ에 계신 셩부ㅣ 텬쥬ㅣ시니라 알게ᄒᆞ심이니라 나ㅣ ᄯᅩᄒᆞᆫ 네게 말ᄒᆞ노니 네가 이에 베드루ㅣ로다 셩인은그젼에시몬이라ᄒᆞ더니그후에ᄒᆞᆷ샹베드루ㅣ라닐ᄏᆞᄅᆞ니라베드루ᄂᆞᆫ셔양국말이니번역ᄒᆞ야ᄯᅳᆺ슬풀면곳큰바회와ᄀᆞᆺ흔말이라 나ㅣ 쟝ᄎᆞᆺ 내 셩교회ᄅᆞᆯ 이 반셕에 세우리니 음간이 능히 이긔지 못ᄒᆞ리라 나ㅣ 텬국의 열쇠로ᄡᅥ 너ᄅᆞᆯ 줄거시니 무릇 너ㅣ ᄯᅡ회셔 맨쟈ᄂᆞᆫ 하ᄂᆞᆯ에도 ᄯᅩᄒᆞᆫ ᄆᆡ고 ᄯᅡ회셔 노흔쟈ᄂᆞᆫ 하ᄂᆞᆯ에도 ᄯᅩᄒᆞᆫ 노히리라ᄒᆞ시다 텬국의열쇠ᄅᆞᆯ주심은셩교회ᄅᆞᆯ가음알고다ᄉᆞ리ᄂᆞᆫ권셰ᄅᆞᆯ주심이라셩베드루ᄂᆞᆫ반셕과ᄀᆞᆺ치굿세고ᄯᅡᆫᄯᅡᆫ히밋븐사ᄅᆞᆷ인고로예수ㅣ더ᄅᆞᆯ문도즁에놉혀이말ᄉᆞᆷ을ᄒᆞ셧시되그러ᄒᆞ나열둘종도ㅣ모도이ᄀᆞᆺ흔권셰ᄅᆞᆯ닙고의지ᄒᆞ야예수ㅣ하ᄂᆞᆯ에오ᄅᆞ신후로부터텬하ᄉᆞ방에가셔셩교ᄅᆞᆯ젼파ᄒᆞ고셩교회ᄅᆞᆯ곳곳셰우고죽기젼에그권셰ᄅᆞᆯ후에잇슬쥬교의게ᄃᆡᄃᆡ로세쳣

시니모든사ᄅᆞᆷ이ᄒᆞᆼ샹그종도ㅣ셩교회의쥬초돌인줄노비ᄒᆞ야알앗ᄂᆞ니라 드듸여문도ᄅᆞᆯ경계ᄒᆞ
샤ᄌᆞ긔그리스도되심을놈의게고ᄒᆞ지말나ᄒᆞ시
더라○이때로부터 예수ㅣ문도ᄅᆞᆯ알게ᄒᆞ시되
써ᄌᆞ긔반ᄃᆞ시예루사름에가셔두민과ᄉᆞ교쟈와
강경쟈의게 ᄉᆞ교쟈와강경쟈ᄂᆞᆫ그때에유ᄃᆡ아국벼슬ᄒᆞᄂᆞᆫ사ᄅᆞᆷ이라 히ᄅᆞᆯ밧으시고
또ᄒᆞᆫ죽임을보앗다가삼일만에다시살겟다고ᄒᆞ
시니베드루ㅣ붓잡고금ᄒᆞ야ᄀᆞᆯᄋᆞ되쥬야가치
아니ᄒᆞ니원컨ᄃᆡ이ᄅᆞᆯ두지말으쇼셔ᄒᆞ니예수ㅣ
베드루ᄅᆞᆯ도라보아ᄀᆞᆯᄋᆞ샤ᄃᆡ사탄아 사탄이ᄂᆞᆫ비록마귀의본일홈이로
ᄃᆡ베드루ㅣ이제마귀와ᄀᆞᆺ치예수의맛당ᄒᆞᆫ일을거ᄉᆞ리니예수ㅣ더ᄅᆞᆯ삭지져사탄이라부르시니라 물너가라너
나ᄅᆞᆯ막으니써텬쥬의뜻슬너ㅣ톄치아니ᄒᆞ고
이에사ᄅᆞᆷ의뜻시로다ᄒᆞ시니라 예수ㅣ문도의
게말ᄉᆞᆷᄒᆞ야ᄀᆞᆯᄋᆞ샤ᄃᆡ내문도되고져ᄒᆞᆯ진ᄃᆡ곳맛
당히몸을이긔여십ᄌᆞ가ᄅᆞᆯ지고 십ᄌᆞ가ᄂᆞᆫ열십ᄌᆞ처럼남기로문ᄃᆞᆫ틀이라오쥬예
수ㅣ죽으실때에그런틀에고란을밧으시니십ᄌᆞ가ᄅᆞᆯ진단말은고란을임의로밧단말과ᄀᆞᆺᄒᆞ니라 써좃차라싱명
을구완코져ᄒᆞᄂᆞᆫ쟈ᄂᆞᆫ도로혀일허ᄇᆞ리고나ᄅᆞᆯ위
ᄒᆞ야싱명을일허ᄇᆞ리ᄂᆞᆫ쟈ᄂᆞᆫ도로혀엇으리라
로옴이텬하ᄅᆞᆯ다ᄒᆞᆯ지라도싱명을일허ᄇᆞ리ᄂᆞᆫ쟈
ㅣ무ᄉᆞᆷ유익홈이잇스리오사ᄅᆞᆷ이쟝ᄎᆞᆺ무어ᄉᆞ로
써싱명을밧고겟ᄂᆞ뇨인ᄌᆞㅣ 인ᄌᆞᄂᆞᆫ예수ㅣᄌᆞ긔ᄅᆞᆯᄀᆞᄅᆞ치시ᄂᆞᆫ말ᄉᆞᆷ이라 셩부
텬쥬ㅣ시니라 의영화로써그텬신과홈ᄭᅴ쟝ᄎᆞᆺ림ᄒᆞ야 오쥬예수우쥬
와만물ᄆᆞᆺ춤망ᄒᆞᆯ때에다시하ᄂᆞᆯ노부터나타ᄂᆡ여세샹을심판ᄒᆞ려오신단말ᄉᆞᆷ이라 사ᄅᆞᆷ이힝ᄒᆞᆫ일을보아

갑ᄒᆞ리라ᄒᆞ시더라

○越六日 耶穌攜伯多祿雅各伯及雅各伯同生要翰潛至高山嘗前變化面耀如日衣皎有光慕以西以利亞現與 耶穌語伯多祿謂 耶穌曰我等於此善矣願建三廬一爲主一爲慕以西一爲以利亞伯多祿言時景雲蓋之雲間有聲云此我愛子我所喜悅者宜聽之門徒聞之俯伏甚懼 耶穌前撫之曰起勿懼門徒擧目不見一人惟 耶穌而已下山時 耶穌命之曰人子未復活勿以所見告人

륙일만에 예수ㅣ 베드루와야고버와밋야고버의동생요안을잇ᄭᅳᆯ고ᄯᆞ로시고ᄆᆞᆫ이놉흔산에니ᄅᆞ러압

흘당ᄒᆞ야변화ᄒᆞ시니낫빗남이ᄒᆡᄀᆞᆺ고옷시희여빗난지라모이서와에리아(모이서는예수ㅣ강ᄉᆡᆼᄒᆞ시기젼일쳔오ᄇᆡᆨ년에유더아ᄇᆡᆨ셩의계뎐쥬의녯법강과교를ᄆᆞᄅᆞ치신셩인의일홈이오에리아는예수ㅣ강ᄉᆡᆼᄒᆞ시기젼구ᄇᆡᆨ여년에션지쟈노ᄅᆞᆺᄒᆞ고유더아ᄇᆡᆨ셩을편계ᄒᆞ신셩인의일홈이라)나타내여 예수로더부러말ᄉᆞᆷᄒᆞ거ᄂᆞᆯ베드루ㅣ 예수ᄭᅴ날너ᄀᆞᆯᄋᆞᄃᆡ 쥬야우리등이여긔잇서됴흐니원컨ᄃᆡ세집을세워ᄒᆞ나흔 쥬를위ᄒᆞ고ᄒᆞ나흔모이서를위ᄒᆞ고ᄒᆞ나흔에리아를위ᄒᆞᆯᄉᆞ이다ᄒᆞᄂᆞ니라베드루ㅣ말ᄒᆞᆯ때에빗난구름이뎌들을덥고구름ᄉᆞ이로소ᄅᆡ잇서닐ᄋᆞ샤ᄃᆡ이ᄂᆞᆫ내ᄉᆞ랑ᄒᆞᄂᆞᆫ아ᄃᆞᆯ이오나ᄅᆞᆯ깃부게ᄒᆞᄂᆞᆫ쟈ㅣ니너희ᄂᆞᆫ맛당히드ᄅᆞ라ᄒᆞ시니문도ㅣ듯고업드려심히두려워ᄒᆞ더라

예수ㅣ나아와어로만지시고ᄀᆞᆯᄋᆞ샤ᄃᆡ니러나고두
려워말나ᄒᆞ시니문도ㅣ눈을드니ᄒᆞᆫ사ᄅᆞᆷ도보지못
ᄒᆞ고오직 예수ᄲᅮᆫ이시러라산에셔ᄂᆞ릴때에 예수
ㅣ명ᄒᆞ야ᄀᆞᆯᄋᆞ샤ᄃᆡ인ᄌᆞㅣ부활ᄒᆞ기(인ᄌᆞㅣ부활ᄒᆞᆷ은오쥬 예수ㅣᄌᆞ긔죽엇다가
다시사라남을미리ᄀᆞᄅᆞ치심이라)젼에본바로써ᄒᆞᆫ사ᄅᆞᆷ의게도고ᄒᆞ지말
나ᄒᆞ시니라

○猶太人見 耶穌所爲多信之有以 耶穌所爲往
告巴哩西人於是司教者巴哩西人集曰此人多行異
蹟我將若何若縱其如此衆必信之魯瑪人將至奪我
土地人民矣自是而後衆謀殺 耶穌故 耶穌不復
顯行猶太人中去此往近野之地偕門徒居焉○耶穌

昇天之日將至則定向耶路撒廪而行上耶路撒廪時
途間 耶穌先行門徒從駭且懼 耶穌携十二宗徒
言將遇之事曰我等上耶路撒廪人子將賣與司教者
講經者彼必定之以死解與異邦人凌辱鞭扑唾而殺
之越三日復活

유다사ᄅᆞᆷ이 예수ㅣᄒᆞ시ᄂᆞᆫ바ᄅᆞᆯ보고만히밋더ᄒᆞ
되 예수ㅣᄒᆞ시ᄂᆞᆫ바로써바리서인(바리서인은예수ᄅᆞᆯ싀긔ᄒᆞ야심히
뮈워ᄒᆞᄂᆞᆫ유다아국편쇽의일홈이라)의게가셔고ᄒᆞᄂᆞᆫ이잇ᄂᆞ니라이에ᄉᆞ
교쟈와바리서인이모도여ᄀᆞᆯᄋᆞᄃᆡ이사ᄅᆞᆷ이긔이ᄒᆞᆫ
ᄒᆡᆼ젹을만히ᄒᆡᆼᄒᆞ니우리쟝ᄎᆞᆺ엇더ᄒᆞᆯ고만일그ᄅᆞᆯ노
하이ᄀᆞᆺ치ᄒᆞ면뭇사ᄅᆞᆷ이반ᄃᆞ시밋더ᄒᆞᆯ거시니로마

사ᄅᆞᆷ이 [로마ᄂᆞᆫ그새에셔양국가온대데일큰경셩이니라] 쟝ᄎᆞᆺ니ᄅᆞ러우리당과인민
을빼아ᄉᆞ리라ᄒᆞ더라이후로부터뭇사ᄅᆞᆷ이 예수
죽이기를꾀ᄒᆞᆫ지라그런고로 예수ㅣ다시유다사
ᄅᆞᆷ가온대현저히ᄒᆡᆼ치아니ᄒᆞ시고여긔를떠나시고
갓가온들녁에가샤문도와ᄒᆞᆷ끠거ᄒᆞ시다 예수
ㅣ하ᄂᆞᆯ에오ᄅᆞ실날이쟝ᄎᆞᆺ니ᄅᆞ내곳작뎡ᄒᆞ샤예
루사ᄅᆞᆷ을향ᄒᆞ야ᄒᆡᆼᄒᆞ시다예루사ᄅᆞᆷ에올나가실
때에길ᄉᆞ이에 예수ㅣ몬져ᄒᆡᆼᄒᆞ시니문도ㅣ좃
차놀나고또두려워ᄒᆞ거ᄂᆞᆯ 예수ㅣ십이ᄌᆞᆼ도를잇
그ᄅᆞ시고쟝ᄎᆞᆺ맛날일을말ᄉᆞᆷᄒᆞ야ᄀᆞᆯᄋᆞ샤ᄃᆡ우리무
리가예루사ᄅᆞᆷ에올나가셔인ᄌᆞㅣ [인ᄌᆞㅣ라ᄒᆞ심은ᄌᆞ긔를ᄀᆞᄅᆞ치시ᄂᆞᆫ말ᄉᆞᆷ이라]

쟝ᄎᆞᆺᄉᆞ교쟈와강경쟈의게 [ᄉᆞ교쟈와강경ᄌᆞᄂᆞᆫ관원과션비와ᄀᆞᆺᄒᆞᆫ사ᄅᆞᆷ이라] 팔
니리니뎌들이반ᄃᆞ시그죽임으로써뎡ᄒᆞ야외국
사ᄅᆞᆷ의게붓칠시업수이넉여욕ᄒᆞ고채직질ᄒᆞ고
춤밧고죽일지니삼일만에다시사라나리라ᄒᆞ시더
라

耶穌受難

예수고난을밧으신거시라

耶穌與門徒行近耶路撒凜至白巴際及白大尼亞適輿里瓦山 耶穌遣門徒二人曰爾往前村入則遇小驢縶焉從未有人乘者解而牽之倘有人問爾何爲則曰 主需之彼必從而放焉門徒遂往果遇小驢繫於門外歧路間即解之旁立數人問曰解驢何爲門徒如耶穌命以對遂許之乃牽驢就 耶穌置衣於上 耶穌乘之多人以衣布道或伐樹枝布於途前行後從之人大聲曰乎散那托 主名來者當稱頌也承我祖大衛之國托 主名臨者當稱頌也在至上之處當稱乎

散那 耶穌進耶路撒凜入殿遍視諸物既暮偕十二宗徒出至白大尼亞○明日至耶路撒凜 耶穌入殿逐其中貿易者反兌錢者之几鬻鴿者之椅不許携具過殿示人曰經不云乎我室必稱爲諸民祈禱之室爾曹以爲盜巢也講經者司教者聞此謀殺之而不敢以衆奇其訓也旣暮 耶穌出城

예수ㅣ문도로더부러힝ᄒᆞ샤예루사름에갓가이ᄒᆞ시매벳파제와벳다니아(벳파제와벳다니아ᄂᆞᆫ예루사름동문밧긔갓가온두동ᄂᆡ의일흠이라)에니르니오리와산이갓가온지라(오리와ᄂᆞᆫ기름내ᄂᆞᆫ나무일흠이니이산에만히나무기로오리와산이라ᄒᆞ니라) 예수ㅣ문도두사름을보내여ᄀᆞᆯᄋᆞ샤ᄃᆡ너희가압희뵈ᄂᆞᆫ마을에가드러가면곳적은나귀민거

술맛나리니ᄉᆞᄅᆞᆷ이다지못ᄒᆞᆷ을좃차풀어끄으러오되만일누구너희게무엇ᄒᆞ랴ᄂᆞ냐뭇거든곳ᄀᆞᆯᄋᆞ되쥬ㅣ쓸ᄃᆡ잇다ᄒᆞ면뎌ㅣ반ᄃᆞ시좃차노하보내리라ᄒᆞ시니문도ㅣ드듸여갈새과연적은나귀문밧가로가지길에ᄆᆡ인거ᄉᆞᆯ맛나곳푸니겻희셧던두어ᄉᆞᄅᆞᆷ이무러ᄀᆞᆯᄋᆞ되나귀를풀어무엇ᄒᆞ랴ᄂᆞ냐ᄒᆞ니문도ㅣ 예수명ᄒᆞ신ᄃᆡ로써ᄃᆡ답ᄒᆞ니드듸여허락ᄒᆞᄂᆞᆫ지라이에나귀를끄을고 예수끠나아가옷ᄉᆞᆯ우희두니 예수ㅣ타시다만흔ᄉᆞᄅᆞᆷ이옷ᄉᆞ로써길에깔고혹나무가지를찍어길에펴니압희ᄒᆡᆼᄒᆞ고뒤로좃ᄂᆞᆫᄉᆞᄅᆞᆷ이소ᄅᆡ를크게ᄒᆞ야ᄀᆞᆯᄋᆞ되호산나(호산나ᄂᆞᆫ녯유대아국말노텬쥬를찬미ᄒᆞᄂᆞᆫ소ᄅᆡ니번역ᄒᆞ면곳쥬ㅣ우리를살녀주쇼셔ᄒᆞᄂᆞᆫ말이니라) 쥬의일홈을의탁ᄒᆞ야오신쟈ㅣ맛당히기렴죽ᄒᆞ도다우리죠상다윗의나라ᄒᆞᆯ니어 쥬의일홈을의탁ᄒᆞ야림ᄒᆞ신쟈ㅣ맛당히기렴죽ᄒᆞ도다지극히놉흔곳에셔맛당히호산나ㅣ라닐ᄏᆞᄅᆞᆯ도소이다(지극히놉흔곳은곳하ᄂᆞᆯ을ᄀᆞᄅᆞ치ᄂᆞᆫ말이니라)ᄒᆞ더라 예수ㅣ예루ᄉᆞᄅᆞᆷ에나아가실ᄉᆡ셩뎐에(셩뎐은예루ᄉᆞᄅᆞᆷ에녯셩교ᄃᆡ로텬쥬를뫼시ᄂᆞᆫ당이라)드러가모든물건을둘너보시고임의져물ᄆᆡ십이종도를ᄒᆞᆷᄭᅴᄒᆞ야나가벳다니아에니ᄅᆞ시다명일에예루ᄉᆞᄅᆞᆷ에니르러 예수ㅣ셩뎐에드러가그가온대무역ᄒᆞᄂᆞᆫ쟈를쫏차며돈밧고ᄂᆞᆫ쟈의칙상과비듥이파ᄂᆞᆫ쟈의교의를되쳐

제구ᄅᆞᆯ잇글고셩뎐에저나감을허락치아니ᄒᆞ시고
사ᄅᆞᆷ을ᄀᆞᄅᆞ쳐ᄀᆞᄅᆞ샤ᄃᆡ셩경에닐ᄋᆞ지아니ᄒᆞ엿ᄂᆞ
냐내집은(뎐쥬ᄭᅴ셔ᄒᆞ신 말ᄉᆞᆷ이니라)반ᄃᆞ시모든빅셩긔도ᄒᆞᄂᆞᆫ집
이라닐ᄋᆞᆯ거시니너희무리ᄂᆞᆫ써도적의소혈을삼
ᄂᆞᆫ도다ᄒᆞ셧ᄂᆞ니라강경쟈와ᄉᆞ교쟈ㅣ이를듯고죽
이기를ᄭᅬᄒᆞ되감히못ᄒᆞᆷ은뭇사ᄅᆞᆷ이그ᄀᆞᄅᆞ치심을
긔이히녁임이니라임의져물미예수ㅣ셩에나가
시다

○耶穌言竟謂門徒曰越二日乃逾越節爾所知也人
子見買釘十字架矣司教者講經者頭民集於司教首
加以巴院詭謀執耶穌殺之惟曰節期不可恐民生

亂 耶穌在白大尼亞癩者恃滿家有婦以玉盒盛至
貴之膏就耶穌沃其首門徒見而慼曰惡用此糜費
爲哉此膏可鬻多金以濟貧者 耶穌知其意曰何爲
難此婦乎婦視我者善也蓋貧者常偕爾我不常偕爾
婦傾此膏於我躬爲我葬而行之我誠告爾普天下不
論何處傳此福音亦必述婦所行以爲記○十二門徒
之一以色加畧人猶多斯詣司敎者曰爾欲予我幾何
我以彼賣爾遂約銀三十自是猶多斯尋機賣之

예수ㅣ말ᄉᆞᆷ을ᄆᆞᆺ치시매문도의게닐너ᄀᆞᆯᄋᆞ샤ᄃᆡ두
날을지내면이에유월졀이니너희아ᄂᆞᆫ바ㅣ라(유월졀은녯유
더아국명졀일홈이라오쟈예수ㅣ강싱ᄒᆞ시기젼ᄒᆞᆫ일쳔칠빅여년에유더
아국조샹야곱이흉년을당ᄒᆞ야모든식구로더부러본국을ᄯᅥ나남편으로

힝ᄒᆞ야에집도국에이ᄉᆞᄒᆞ미그나라님군이더접ᄒᆞ야착히구럿시니야곱의ᄌᆞ손들이죠샹죽은후에도거긔머믄지이ᄇᆡᆨ여년에악ᄒᆞᆫ님군이등극ᄒᆞ야그유더아ᄇᆡᆨ셩을위워ᄒᆞ고핍박ᄒᆞ니텬쥬ㅣ어엿비너이샤에집도국님군과ᄇᆡᆨ셩의게특별ᄒᆞᆫ형별을주시고유더아사ᄅᆞᆷ을구완ᄒᆞ샤본국에다시도라오게ᄒᆞ셧시니유더아국사ᄅᆞᆷ들이그후로부터텬쥬의덕퇴과구완ᄒᆞ심을긔록ᄒᆞ야텬쥬명ᄒᆞ신ᄃᆡ로이유월졀을ᄒᆡ마다봄에셰워ᄂᆞ니라

인ᄌᆞㅣ 팔님을보아십ᄌᆞ가에못박히리라ᄉᆞ교쟈와 강경쟈와두민이ᄉᆞ교쟈의웃듬가야파의집에모도여간샤ᄒᆞᆫ꾀로 예수를잡아죽이려ᄒᆞ되오직굴ᄋᆞᄃᆡ명졀에가치아니ᄒᆞᆯ나ᄇᆡᆨ셩이요란을지을가두려워홈이니라○ 예수ㅣ베다니아문동시몬

유더아국에시몬이라닐ᄏᆞᆺ는사ᄅᆞᆷ이ᄒᆞᆫ나이문동이혹시몬베드루인줄을짐쟉치말지니라

의집에계실서부인이잇서옥합으로써지극히귀ᄒᆞᆫ향고를담아 예수ㅣ께나아와그머리ᄅᆞᆯ적신ᄃᆡ문도ㅣ보고셩내여굴

ᄋᆞᄃᆡ엇지이ᄅᆞᆯ써허비ᄅᆞᆯᄒᆞᄂᆞ뇨이향고는가히팔면돈이만흘지니써가난ᄒᆞᆫ쟈ᄅᆞᆯ구졔ᄒᆞᆯ거시니라 예수ㅣ그뜻ᄉᆞᆯ아르시고굴ᄋᆞ샤ᄃᆡ엇지ᄒᆞ야이부인을힐난ᄒᆞᄂᆞ뇨부인이나셤기기ᄅᆞᆯ잘ᄒᆞ엿도다대개가난ᄒᆞᆫ쟈는ᄒᆞᆼ샹널노홈께ᄒᆞ거니와나는ᄒᆞᆼ샹널노홈께아니ᄒᆞ리라부인이향고ᄅᆞᆯ내몸에기우림은내장례ᄅᆞᆯ위ᄒᆞ야ᄒᆡᆼᄒᆞᆷ이니라내가진실노네게고ᄒᆞ노니온텬하에어ᄂᆞ곳시던지의논치말고이복음을

복음은오쥬예수의특별히착ᄒᆞᆫᄒᆡᆼ실과너그러온말ᄉᆞᆷ을긔별ᄒᆞ는깃분소리이라

젼ᄒᆞ거든또ᄒᆞᆫ반ᄃᆞ시이부인이ᄒᆡᆼᄒᆞᆫ바ᄅᆞᆯ지어써긔록ᄒᆞᆯ거시니라○십이문도의ᄒᆞ나이셕가략사ᄅᆞᆷ유다스ᄉᆞ교쟈의게나아가굴

ᄋᆞᄃᆡ너희가나를얼마나주고져ᄒᆞᄂᆞ뇨나ㅣ너로써
너희게팔겟노라, 드ᄃᆡ여은젼삼십을언약ᄒᆞ니일노
부터유다스ㅣ긔틀을ᄎᆞ져팔녀ᄒᆞ더라

○除酵節首日門徒就　耶穌曰欲我何處爲師備節
筵乎　耶穌曰爾入城見某語之曰師云我時邇矣將
偕門徒守逾越節於爾家門徒從命預備節筵旣暮
耶穌偕十二徒席坐食間　耶穌曰我誠告爾爾中一
人將賣我矣衆甚憂一一問曰主是我乎　耶穌曰與
我著手於盂者卽賣我者也人子將歸如經所載惟賣
人子者有禍乎其人不生爲幸賣師者猶多斯曰夫子
是我乎　耶穌曰爾言之矣○食間　耶穌取餠祝而

擘之予門徒曰爾取食之此乃我之身焉又取杯祝而
予之曰爾皆飮之此乃我之血卽新約之血爲衆流以
赦罪者也吾語汝今而後我不復飮葡萄之汁待他日
我偕爾飮新者於吾　父國也○旣詠詩往奧里瓦山
耶穌謂門徒曰此夜爾衆將棄我經有之我擊牧者群
羊散矣我復活後將先爾往加利里亞伯多樓曰衆雖
棄師我終不棄師　耶穌曰我誠告爾此夜鷄未鳴爾
將三言不識我矣伯多樓曰我卽與師偕亡必不言不
識師衆門徒言亦如之

제교절 제교절은곳유월절이니라유월절에누룩든음식을유더이사름이도모지금ᄒᆞ야먹지못ᄒᆞ엿ᄂᆞ니그명절이혹잇다감제교절이라또ᄒᆞ엿ᄂᆞ니라
처음날에문도ㅣ예수께나아와골ᄋᆞᄃᆡ우리

어ᄂᆞ곳에스승을위ᄒᆞ야졀연을갓초고져ᄒᆞ시ᄂᆞ니
잇가ᄒᆞ니 예수ㅣ굴ᄋᆞ샤ᄃᆡ너희가경셩에드러가
아모를보고말ᄒᆞ야굴ᄋᆞᄃᆡ스승이닐ᄋᆞ샤ᄃᆡ내ᄯᅢ가
갓가온지라(내ᄯᅢ는오쥬예수ㅣᄌᆞ긔죽으실ᄯᅢ를미리알고고ᄒᆞ시는말솜이라)쟝ᄎᆞᆺ문도를ᄒᆞᆷᄭᅴ
ᄒᆞ야유월졀을네집에직희겟다ᄒᆞ신다ᄒᆞ라문도
ㅣ명ᄒᆞ심을좃차졀연을예비ᄒᆞ더라임의져물믹
예수ㅣ십이문도를ᄒᆞᆷᄭᅴᄒᆞ샤자리에안주시고잡
수는ᄉᆞ이에 예수ㅣ굴ᄋᆞ샤ᄃᆡ나ㅣ진실노너희
게고ᄒᆞ노니너희가온대ᄒᆞᆫ사람이쟝ᄎᆞᆺ나를팔이라
ᄒᆞ시니모든이심히근심ᄒᆞ야ᄒᆞ나식ᄒᆞ나식무러굴
ᄋᆞᄃᆡ쥬야나ㅣ닛가ᄒᆞ니 예수ㅣ굴ᄋᆞ샤ᄃᆡ날노더

부러손을그릇세두는쟈ㅣ곳나를팔쟈ㅣ니라인ᄌᆞ
ㅣ쟝ᄎᆞᆺ셩경에(구셰쥬ㅣ반ᄃᆞ시고란을밧으시고고싱ᄒᆞ야죽으실줄을녯셩인이미리알고셩경에긔록ᄒᆞ엿ᄂᆞ니라)
시른바와ᄀᆞᆺ치도라가되오직인ᄌᆞ를파는쟈ㅣ앙화
잇슬진뎌그사람이나지아니ᄒᆞ엿시면다ᄒᆡᆼ이되겟
도다ᄒᆞ시니스승을파는쟈ㅣ유다스ㅣ굴ᄋᆞᄃᆡ부ᄌᆞ
야이나ㅣ닛가ᄒᆞ니 예수ㅣ굴ᄋᆞ샤ᄃᆡ네가말ᄒᆞ엿
도다ᄒᆞ시니라잡수시는ᄉᆞ이에 예수ㅣ면병을취
ᄒᆞ샤츅셩ᄒᆞ시고난호샤문도를주어굴ᄋᆞ샤ᄃᆡ너희
가져먹어라이는이에내육신이니ᄒᆞ시고또잔을취
ᄒᆞ샤츅셩ᄒᆞ시고주어굴ᄋᆞ샤ᄃᆡ너희다마셔라이
는이에내피니곳신약의피니라모든사람을위ᄒᆞ야

홀녀써죄를샤홀쟈ㅣ니라나ㅣ너희게말ᄒᆞ노니이
후에ᄂᆞᆫ나ㅣ포도즙을다시마시지아니ᄒᆞ고다른날
을기ᄃᆞ려셔나ㅣ너희와ᄒᆞᆷᄭᅴ새로ᄒᆞᆫ거ᄉᆞᆯ내 셩부
의나라희셔마시리라ᄒᆞ시더라○임의글을읇흐
시고오리와산에가실ᄉᆡ 예수ㅣ문도의게닐너
ᄀᆞᆯᄋᆞ샤ᄃᆡ오ᄂᆞᆯ밤에너희무리쟝ᄎᆞᆺ나를ᄇᆞ리리
라셩경에(오쥬예수ㅣ강싱ᄒᆞ시기젼오ᄇᆡᆨ여년에셩경을지으신셩인이예수ㅣ고싱ᄒᆞ야죽으심을텬쥬셩부ㅣ허락ᄒᆞ신줄
노미리알고긔록ᄒᆞ엿ᄂᆞ니라)잇ᄉᆞ되나ㅣ(텬쥬셩부)목쟈를(오쥬예수)치미무리양
이(예수의문도ㅣ라)흣허지리라ᄒᆞ엿시니나ㅣ부활(부활ᄒᆞᆷ은죽엇다가다시
사라남이니라)ᄒᆞᆫ후에쟝ᄎᆞᆺ너희보다몬져가리리아에가리
라ᄒᆞ시더라베드루ㅣᄀᆞᆯᄋᆞᄃᆡ모든사ᄅᆞᆷ은비록스승
을ᄇᆞ리나나ᄂᆞᆫ맛ᄎᆞᆷ너스승을ᄇᆞ리지아니ᄒᆞ리이
다ᄒᆞ니 예수ㅣᄀᆞᆯᄋᆞ샤ᄃᆡ나ㅣ진실노네게고ᄒᆞ노
니오ᄂᆞᆯ밤ᄃᆞᆰ울기젼에네가쟝ᄎᆞᆺ나를아지못ᄒᆞᆫ다
세번말ᄒᆞ리라ᄒᆞ시니베드루ㅣᄀᆞᆯᄋᆞᄃᆡ내가곳스
승으로더부러ᄒᆞᆷᄭᅴ망ᄒᆞᆯ지언뎡반ᄃᆞ시스승을아
지못ᄒᆞᆫ다말아니ᄒᆞ리이다ᄒᆞ니모든문도의말이
또ᄒᆞᆫᄀᆞᆺ더라

○耶穌偕門徒至客西馬尼園謂之曰爾曹坐此我前
進祈禱遂携伯多樓及西比太二子憂愁哀慟 耶穌
曰我心甚憂幾至死矣爾居此同我儆醒少進俯伏祈禱
曰 父與若可得免則以此杯去我雖然非從我所欲乃

從 父所欲也遂至門徒所見其寢謂伯多樓曰爾不能偕我儆醒片時乎爾宜儆醒祈禱免入誘惑也心願而身弱耳 耶穌復進禱曰 父與若不能以此杯去我必欲我飮之則 父旨得成焉旣至又見門徒寢以其目倦矣離門徒再進三禱言亦如之後至門徒所謂之曰今爾可暫寢且安息定期適矣人子見賣與罪人手矣起而偕行賣我者近矣

예수ㅣ 문도와 홈ᄭᅴ 엿서마니 동산에 니르러 닐너 ᄀᆞᆯᄋᆞ샤ᄃᆡ 너희 무리 여긔 안져라 나ㅣ 압흐로 나아가 긔도ᄒᆞ리라 ᄒᆞ시고 드ᄃᆡ여 베드루와 밋 세비ᄃᆡ의 둘 아ᄃᆞᆯ을 (세비ᄃᆡ 둘 아ᄃᆞᆯ은 곳 야고버와 요안이라) 다리고 근심ᄒᆞ야 이통ᄒᆞ신지라 예수ㅣ ᄀᆞᆯᄋᆞ샤ᄃᆡ 내 ᄆᆞ음이 심히 근심ᄒᆞ야 거의 죽기에 니르ᄂᆞᆫ지라 너희 무리 여긔 잇서 나와 홈ᄭᅴ ᄭᅢ여라 ᄒᆞ시고 조곰 나아가 업ᄃᆞ려 긔도ᄒᆞ야 ᄀᆞᆯᄋᆞ샤ᄃᆡ 셩부여 만일 가히 면홈을 엇겟거든 곳 이 잔 (잔은 고란ᄒᆞ야 죽으시단 말ᄉᆞᆷ이라) 으로써 나를 ᄯᅥ나게 ᄒᆞ쇼셔 그러나 내 ᄒᆞ고져 ᄒᆞᆫ바를 좃치 안코 이에 셩부ㅣ ᄒᆞ고져 ᄒᆞ신바를 좃찰지어다 ᄒᆞ시고 드ᄃᆡ여 문도 잇ᄂᆞᆫ 곳에 니르러 그 잠잠을 보시고 베드루ᄃᆞ려 닐너 ᄀᆞᆯ아샤ᄃᆡ 너희가 능히 나와 홈ᄭᅴ 편시를 ᄭᅢ지 못ᄒᆞᄂᆞ뇨 ᄭᅢ여 긔도ᄒᆞ야 유혹에 들기를 면ᄒᆞ라 ᄆᆞ음은 원ᄒᆞᄃᆡ 몸은 약ᄒᆞ도다 ᄒᆞ시니라 예수ㅣ 다시 나아가 긔도ᄒᆞ야 ᄀᆞᆯᄋᆞ샤ᄃᆡ 셩부여

만일능히이잔으로써나를ᄯᅥ나지못ᄒᆞ게ᄒᆞ여내가
반ᄃᆞ시마실터히면곳 셩부의ᄯᅳᆺ슬시러곰이룰지
어다ᄒᆞ시고임의니ᄅᆞ러또ᄒᆞᆫ문도잠잠을보시니그
눈이게어름이니라문도를ᄯᅥ나셔또나아가세번
재긔도ᄒᆞ시니말ᄉᆞᆷ을또ᄒᆞᆫ갓치ᄒᆞ시고후에문도
잇ᄂᆞᆫ곳에니ᄅᆞ러닐너ᄀᆞᆯᄋᆞ샤ᄃᆡ이제너희가히
잠간잠자고편안이쉬여라뎡ᄒᆞᆫ긔약이갓가온지
라인ᄌᆞㅣ(ᄌᆞ긔를ᄀᆞᄅᆞ치심이라) 죄인손에팔녀줌을보리니니
러나홈ᄭᅴ가쟈나를파ᄂᆞᆫ쟈ㅣ(파ᄂᆞᆫ자ᄂᆞᆫ위다스ㅣ라) 갓갑다ᄒᆞ시
더라

○耶穌言時十二徒之一猶多斯偕衆以刃以梃自司
教者及頭民之所而來賣師者曾與之暗號曰我接吻
者是也可執之卽就 耶穌曰夫子安遂與接吻 耶穌
曰吾子何爲至此衆前執 耶穌 耶穌者一人手拔
刃擊司教首僕削其耳 耶穌曰斂爾刃入鞘凡試刃
者必以刃亡爾意我不能此時祈 父爲我遣十二陣
有餘之天神乎如是則經所云此事必有者如何得應
乎當時 耶穌語衆曰爾以刃以梃來執我若禦寇乎
我日偕爾坐於殿而教誨爾不執我如是應先知者所
載焉諸門徒離之而奔
예수ㅣ말ᄉᆞᆷᄒᆞ실때에십이문도의ᄒᆞ나유다스ㅣ여
러무리를홈ᄭᅴᄒᆞ야칼도가지고막대도가져ᄉᆞ교쟈와

밋 두 민의 곳으로부터 오더라 스승을 파ᄂᆞᆫ 쟈ㅣ(유다스ㅣ라)
일죽이 ᄆᆞ만히 군호를 주어 ᄀᆞᆯᄋᆞᄃᆡ 나ㅣ 입마초ᄂᆞᆫ 쟈
ㅣ(입마초ᄂᆞᆫ거ᄉᆞᆫ셔양국녯젹에매유친ᄒᆞ고서로공경ᄒᆞᄂᆞᆫ벗세리밋븜을빙거ᄒᆞᄂᆞᆫ거시니라) 이 사ᄅᆞᆷ이니 가
히 잡아라 ᄒᆞ니 곳 예수ᄭᅴ 나아가 ᄀᆞᆯᄋᆞᄃᆡ 부ᄌᆞᄂᆞᆫ
편안ᄒᆞ시니잇가 ᄒᆞ고 드ᄃᆡ여 더브러 입마초니 예
수ㅣ ᄀᆞᆯᄋᆞ샤ᄃᆡ 내 네ᄃᆡ졉ᄒᆞ야 엇지ᄒᆞ야 여긔 니르ᄂᆞ냐
ᄒᆞ시니 뭇사ᄅᆞᆷ이 나아와 예수를 잡더라 예수
를 홈ᄭᅴᄒᆞᆫ 쟈 ᄒᆞᆫ 사ᄅᆞᆷ이(벳드루ㅣ라) 손으로 칼을 ᄲᅢ아 ᄉᆞ교
슈의(ᄉᆞ교슈ᄂᆞᆫ모든ᄉᆞ교쟈의웃듬이라) 종을 쳐 그 귀를 ᄭᅡᆨ그니 예수ㅣ ᄀᆞᆯᄋᆞ
샤ᄃᆡ 네 칼을 거두어 칼집에 드려라 무릇 칼을 시험ᄒᆞ
ᄂᆞᆫ 쟈ㅣ 반ᄃᆞ시 칼노 써 망ᄒᆞᄂᆞ니 네 뜻에ᄂᆞᆫ 나 능히 이

ᄯᅢ에 셩부ᄭᅴ 긔도ᄒᆞ야 나를 위ᄒᆞ여 셔십이 진유여
ᄒᆞᆫ 텬신을 보내지 아니ᄒᆞ신다 ᄒᆞᄂᆞ냐 이ᄀᆞᆺᄒᆞ면 곳 셩
경에 닐안 바 이 일이 반ᄃᆞ시 잇스리라 ᄒᆞ엿시니 엇지
응홈을 엇겟ᄂᆞ냐 ᄒᆞ시더라(오쥬예수ㅣ춤젼능ᄒᆞ신련쥬아ᄃᆞᆯ이시니능히괴로옴을도모지면ᄒᆞ
셜지라도다문셩경에잇ᄉᆞᄃᆡ그리스도ㅣ맛당히고란을밧고죽엇다가삼일만에다시사라나야만민을죄샤ᄒᆞ고구원홈을일운다ᄒᆞ엿시니예수ㅣ고
싱ᄒᆞ고죽기를슬희여ᄒᆞ지아니ᄒᆞ셧ᄂᆞ니라) 당시에 예수ㅣ 뭇사ᄅᆞᆷ의게 말ᄉᆞᆷᄒᆞ
야 ᄀᆞᆯᄋᆞ샤ᄃᆡ 너희가 칼도 가지고 막대도 가지고 와셔
날 잡기를 도적 막듯 ᄒᆞᄂᆞᆫ도다 나ㅣ 날마다 너희를 홈
ᄭᅴᄒᆞ야 셩뎐에 안져 교를 ᄀᆞᄅᆞ쳣시ᄃᆡ 너희가 나를 잡
지 아니ᄒᆞ엿더니 이ᄀᆞᆺ치 홈은 션지쟈ㅣ 실닌 바를
응홈이로다 ᄒᆞ시니 모든 문도ㅣ 떠나 다라나더라

○執 耶穌者拽 耶穌至司教首加以巴所講經者
頭民已集伯多樓遠隨 耶穌至司教首院入與吏坐
欲觀其竟司教者頭民全公會求害 耶穌之假證欲
死之而弗得也雖多假證者至亦未得其證焉後有假
證二人至曰此人曾言能毁 天主殿三日建之司教
首起問 耶穌曰爾無所答乎此人證者何歟 耶穌
默然司教首曰我命爾在眞生 天主前誓而告我爾
果 天主子 基利斯督否 耶穌曰爾言之矣吾語
汝此後爾將見人子坐大權 天主之右乘天雲而來
司教首自裂其衣語衆曰彼言僭辱 天主之言矣何
用別證乎爾已聞其僭辱 天主之言矣爾意如何僉

答曰其罪當死衆唾其面拳擊之亦有掌批之者曰
基利斯督乎試言擊爾者誰

예수ᄅᆞᆯ 잡은쟈ㅣ 예수ᄅᆞᆯ ᄭᅳ을고 ᄉᆞ교쟈의 웃듬가
야파잇ᄂᆞᆫ곳에 니ᄅᆞ니 강경쟈와 두민들이 임의 모도
인지라 베드루ㅣ 멀니 예수ᄅᆞᆯ ᄯᅡ라 ᄉᆞ교슈의 집에
니ᄅᆞ러 드러가 아젼으로 더부러 안져 그 ᄆᆞᆺ춤을 보고
져ᄒᆞ더라 ᄉᆞ교쟈와 두민과 온공회가 예수ᄅᆞᆯ 해
ᄒᆞᆯ거줏증거ᄅᆞᆯ 구ᄒᆞ야 죽이고져ᄒᆞ되 엇지 못ᄒᆞᆫ지라
비록 거줏증거ᄒᆞᄂᆞᆫ쟈 만히 니ᄅᆞ나 ᄯᅩᄒᆞᆫ 그 증거ᄅᆞᆯ 엇
지 못ᄒᆞ엿더니 후에 거줏증거ᄒᆞᄂᆞᆫ 사ᄅᆞᆷ 둘이 니ᄅᆞ
러 ᄀᆞᆯᄋᆞᄃᆡ 이사ᄅᆞᆷ이 젼에 말ᄒᆞ되 능히 텬쥬의 셩

뎐을(예루사름에뎐쥬를뫼시ᄂᆞᆫ당이라)헐고사흘만에세운다고ᄒᆞ니ᄉᆞ교
슈ㅣ니러셔셔 예수ᄭᅴ무러ᄀᆞᆯᄋᆞ되너ㅣᄃᆡ답홀바
ㅣ업ᄂᆞ냐이사ᄅᆞᆷ의증거ᄒᆞᆷ이엇더ᄒᆞ냐ᄒᆞ엿ᄂᆞ니라
예수ㅣ좀좀ᄒᆞ시니ᄉᆞ교슈ㅣᄀᆞᆯᄋᆞ되나ㅣ춤싱활
ᄒᆞ신 텬쥬압헤잇서너를명ᄒᆞ니밍세ᄒᆞ야우리
게고ᄒᆞ라네가과연 텬쥬아ᄃᆞᆯ그리스도ㅣ냐
아니냐ᄒᆞ라ᄒᆞ니 예수ㅣᄀᆞᆯᄋᆞ샤되너ㅣ말ᄒᆞ엿
도다나ㅣ너희게말ᄒᆞ노니이후에너희가쟝ᄎᆞᆺ인
ᄌᆞ(ᄌᆞ긔를ᄆᆞᄅᆞ치심이라)대권ᄒᆞ신 텬쥬의올흔편에안젓다가
(올흔편에안지심은본시놉히고즁히녁임이니라)하ᄂᆞᆯ구름을ᄐᆞ고ᄂᆞ려옴을보리라
ᄒᆞ시니라ᄉᆞ교슈ㅣᄉᆞᄉᆞ로제옷슬쯧고뭇사ᄅᆞᆷ의

게말ᄒᆞ야ᄀᆞᆯᄋᆞ되뎌사ᄅᆞᆷ의말은참람히 텬쥬를
욕ᄒᆞᄂᆞᆫ말이로다엇지별양증인을쓰리오너희가
임의그참남히 텬쥬를욕ᄒᆞᄂᆞᆫ말을드럿시니너희
뜻에엇더ᄒᆞ뇨ᄒᆞ니다ᄃᆡ답ᄒᆞ야ᄀᆞᆯᄋᆞ되그가맛당
히죽일죄이니라ᄒᆞᄂᆞᆫ지라뭇사ᄅᆞᆷ이그ᄂᆞᆺ치춤도
밧흐며쥬먹으로도치고또손바닥으로ᄯᅡ리ᄂᆞᆫ쟈
ㅣ잇서ᄀᆞᆯᄋᆞ되그리스도야시험ᄒᆞ야말ᄒᆞ라뎌를
치ᄂᆞᆫ쟈ㅣ누구냐ᄒᆞ더라

○伯多樓坐於外庭有婢前曰爾亦偕加利里亞耶
穌也當衆前伯多樓不承曰我不識爾言何也旣出至
院門又一婢見之語同在者曰此亦偕拿慈勒耶穌

者伯多樓復不承且誓曰我不識其人也頃之旁立者
前語伯多樓曰爾誠其黨爾方言可明辨矣伯多樓詛
且誓曰我不識其人也鷄卽鳴伯多樓憶 耶穌言鷄
未鳴爾將三言不識我乃出而痛哭
베드루ㅣ밧마당에안젓시니종이잇서나아와ᄀᆞᆯ
ᄋᆞ되너ㅣ또ᄒᆞᆫ가리리아 예수를ᄒᆞᆷᄭᅴᄒᆞ엿도
다ᄒᆞ니뭇사ᄅᆞᆷ압흘당ᄒᆞ야베드루ㅣ그러찬타ᄒᆞ
고ᄀᆞᆯᄋᆞ되나ᄂᆞᆫ네말이엇지ᄒᆞᄂᆞᆫ지아지못ᄒᆞ노라
ᄒᆞ고임의나가문간에니ᄅᆞ니또ᄒᆞᆫ종이보고ᄒᆞᆷᄭᅴ
잇ᄂᆞᆫ쟈의게말ᄒᆞ야ᄀᆞᆯᄋᆞ되이사ᄅᆞᆷ이또ᄒᆞᆫ나자렛
예수와ᄒᆞᆷᄭᅴᄒᆞᆫ쟈ㅣ니라ᄒᆞ니베드루ㅣ다시그러

찬타ᄒᆞ고또ᄆᆡᆼ세ᄒᆞ야ᄀᆞᆯ아되나ᄂᆞᆫ그사ᄅᆞᆷ을아지
못ᄒᆞ노라ᄒᆞ니적은듯ᄒᆞ야겻희셧던쟈ㅣ나아와
베드루의게말ᄒᆞ야ᄀᆞᆯᄋᆞ되너ㅣ진실노그사ᄅᆞᆷ의무
리로다네방언을가히ᄇᆞᆰ히분변ᄒᆞ겟도다ᄒᆞ니베
드루ㅣ져쥬고또ᄆᆡᆼ세ᄒᆞ야ᄀᆞᆯᄋᆞ되나ᄂᆞᆫ그사ᄅᆞᆷ을
아지못ᄒᆞ노라ᄒᆞ니ᄃᆞᆰ이곳우ᄂᆞᆫ지라베드루ㅣ
예수말ᄉᆞᆷ에ᄃᆞᆰ울기젼에너ㅣ쟝ᄎᆞᆺ세번나를아지
못ᄒᆞᆫ다고ᄒᆞ리라ᄒᆞ심을ᄉᆡᆼ각ᄒᆞ고이에나가통곡ᄒᆞ
더라

○次朝司教者頭民共謀欲治死 耶穌繫而拽之解
於方伯彼羅都○時賣師者猶多斯見 耶穌定罪則

悔反其銀三十與司教者頭民曰我賣無辜者之血有
罪矣僉曰於我何與爾自當之猶多斯擲銀於殿退而
自縊

이튼날아ᄎᆷ에ᄉᆞ교쟈와두민들이ᄒᆞᆫ가지로꾀ᄒᆞ야
예수의죽임을다ᄉᆞ리려ᄒᆞᆯ셰결박ᄒᆞ고ᄭᅳ올며방빅
비라도의게붓치더라○때에스승을판쟈유다스ㅣ
예수의죄뎡홈을보고곳뉘웃처그삼십은젼을도라보
내여ᄉᆞ교쟈와두민들을주어ᄀᆞᆯᄋᆞ되나ㅣ허믈업ᄂᆞᆫ
쟈의피를팔앗시니(피ᄂᆞᆫ셩명과ᄀᆞᆺᄒᆞᆫ말이니허믈업ᄂᆞᆫ피를파ᄂᆞᆫ거슨욕심내여돈을밧고무죄ᄒᆞᆫ사ᄅᆞᆷ을죽이고시
분원슈의게ᄂᆡ응ᄒᆞ야붓침이니라)죄가잇ᄉᆞᆯ지로다ᄒᆞᆫ거ᄂᆞᆯ다ᄀᆞᆯᄋᆞ되우리가
엇지간예ᄒᆞ리오너ㅣᄉᆞᄉᆞ로당ᄒᆞᆯ거시니라ᄒᆞᆫ니유

다스ㅣ은젼을셩뎐에더져ᄇᆞ리고물너가스ᄉᆞ로목
미여죽다

○耶穌立方伯前方伯問曰爾猶低亞人王乎 耶穌
曰爾言之矣司教者頭民訟 耶穌不答彼羅
都曰此人證爾如此爾不聞乎 耶穌不答一詞方伯
甚奇之○每至此節方伯例釋一囚任衆所欲時有惡
名之人巴拉巴衆集彼羅都曰爾欲我釋誰耶巴拉巴
乎抑 耶穌稱 基利斯督乎蓋知衆人妬忌解 耶
穌也○方伯坐於堂其妻使謂之曰此義人之事爾勿
治理之我今日於夢中不勝爲之哀惻焉○司教者頭
民唆衆求釋巴拉巴滅 耶穌方伯謂衆曰此二人中

欲我釋誰衆曰巴拉巴彼羅都曰然則所稱 基利斯
督之 耶穌何以處之衆曰釘之十字架方伯曰彼行
何惡耶衆愈呼曰釘之十字架彼羅都見言之無益又
懼生亂乃於衆前取水盥手曰流此義人之血非我罪
也爾衆當之庶民對曰其血歸我及我之子孫矣於是
彼羅都釋巴拉巴鞭 耶穌發之釘十字架

예수ㅣ 방빅압헤셔시니 방빅이 무러 ᄀᆞᆯᄋᆞ듸 너ㅣ
유대아 사ᄅᆞᆷ의 님군이냐 ᄒᆞ니 예수ㅣ ᄀᆞᆯᄋᆞ샤듸
너ㅣ 말ᄒᆞ엿도다 ᄒᆞ시니 ᄉᆞ교쟈와 두민들이 예
수ᄅᆞᆯ 송ᄉᆞᄒᆞ되 예수ㅣ 듸답지 아니ᄒᆞ시니 비라도
ㅣ ᄀᆞᆯᄋᆞ듸 이 사ᄅᆞᆷ들이 너ᄅᆞᆯ 증거ᄒᆞᆷ을 이ᄀᆞᆺ치 ᄒᆞ니

너ㅣ 듯지 못ᄒᆞ엿ᄂᆞ냐 ᄒᆞ되 예수ㅣ ᄒᆞᆫ 말도 듸답
지 아니ᄒᆞ시니 방빅이 심히 괴이히 녁이더라 ○미양
이 명졀에 니ᄅᆞ매 (유월졀은 유대아국 녯젹에 대일 큰 명졀이니라) 방빅이 법례로 ᄒᆞᆫ
옥슈ᄅᆞᆯ 노흘시 뭇사ᄅᆞᆷ ᄒᆞ고져 ᄒᆞᄂᆞᆫ 듸로 ᄒᆞ더니
때에 피악ᄒᆞᆫ 일홈난 옥슈 바랍바ㅣ 잇ᄂᆞᆫ지라 뭇사
ᄅᆞᆷ이 모히거ᄂᆞᆯ 비라도ㅣ ᄀᆞᆯᄋᆞ듸 너희들이 내가 누
구ᄅᆞᆯ 노키ᄅᆞᆯ 원ᄒᆞᄂᆞ냐 바랍바ㅣ냐 혹 그리스도
ㅣ라 닐ᄏᆞᆮᄂᆞᆫ 예수ㅣ냐 ᄒᆞ니 대개 뭇사ᄅᆞᆷ이 예수
ᄅᆞᆯ 투긔ᄒᆞ야 붓친 줄 앎이라 ○방빅이 공당에 안졋더니
그 안히가 부려 닐너 ᄀᆞᆯᄋᆞ듸 이 의인의 일을 너ㅣ 다
ᄉᆞ리지 말지어다 나ㅣ 오ᄂᆞᆯ 날 몽즁에 뎌ᄅᆞᆯ 위ᄒᆞ야 슬

프고 불상홈을이긔지못ᄒᆞ엿노라ᄒᆞ더라 ○ ᄉᆞ교쟈
와두민들이뭇사룸을츙동ᄒᆞ야바랍바룰노코 예
수ᄂᆞᆫ멸ᄒᆞ게ᄒᆞᆫ미방빅이뭇사룸의게닐너ᄀᆞᆯᄋᆞ되이
두사룸즁에내가누구룰노키룰원ᄒᆞᄂᆞ냐ᄒᆞᆫ니다ᄀᆞᆯᄋᆞ
되바랍바ㅣ니다ᄒᆞᆫ니비라도ㅣᄀᆞᆯᄋᆞ되그런즉그리스
도ㅣ라닐ᄏᆞᆺᄂᆞᆫ바 예수ᄂᆞᆫ엇지써쳐결ᄒᆞ랴ᄂᆞ냐ᄒᆞᆫ니
다ᄀᆞᆯᄋᆞ되십ᄌᆞ가에못박으쇼셔ᄒᆞ거ᄂᆞᆯ방빅이ᄀᆞᆯᄋᆞ
되뎌ㅣ무숨죄악을힝ᄒᆞ엿ᄂᆞ냐ᄒᆞᆫ니다더옥불너ᄀᆞᆯ
ᄋᆞ되십ᄌᆞ가에못박으쇼셔ᄒᆞ더라비라도ㅣ말ᄒᆞ여
도유익홈이업슴을보고또ᄒᆞᆫ요란이날가두려워ᄒᆞ
야이에뭇사룸압희물을가져손을씻셔ᄀᆞᆯᄋᆞ되이의

인의피룰흐르ᄂᆞᆫ거시내죄아니라너희무리ᄂᆞᆫ당홀
거시니라ᄒᆞᆫ니뭇빅셩이되답ᄒᆞ야ᄀᆞᆯᄋᆞ되그피ᄂᆞᆫ우리
무리와밋우리ᄌᆞ손들의게도라오리다ᄒᆞᆫ니이에비
라도ㅣ바랍바룰노코 예수룰채직질ᄒᆞ야보내여
못박으라ᄒᆞ더라

○時方伯之卒携 耶穌至公廨集全營之兵圍 耶
穌褫其衣衣以絳袍編棘冕冠其首置葦於右手且跪
其前戲之曰猶低亞人之王安又唾其身取葦擊其首
戲畢褫其袍衣以本衣拽釘十字架釘十字架後抽籤
分其衣群卒坐而守之又取命牌置於其首以上書之
曰猶低亞王 耶穌時有二盜與 耶穌同釘十字架

一左一右○過者誚 耶穌搖首曰爾毁殿三日又建
之今宜自救也爾若 天主子可自十字架而下矣司
敎者講經者頭民亦如是譏曰彼救他人不能自救若
爲以斯羅列王今自十字架而下我卽信之彼恃 天
主若 天主悅之今必見拯蓋彼曰我乃 天主子也
同釘之盜詬亦如是○自午正至未終徧地黑暗至申
初 耶穌大聲呼曰我之 主我之 主爲何離棄予
耶穌復大聲而呼氣遂絶忽然殿內之幔自上而下裂
爲二地震磐裂百夫長及同守 耶穌者見地震與所
歷之事懼甚曰此誠 天主子也

때에 방빅의 군ᄉ들이 예수를 ᄭ을고 공히에 니
ᄅ니 온 영문의 병디를 모화 예수를 두루에우ᄂ
지라 그 옷슬 벗기고 븕은도포로 써 닙히고 가싀로
면류관을 역거 그 머리에 씌우고 갈디를 올흔손에
두고 또 ᄒᆞᆫ 그 압희 ᄭᅮᆯ어 안져 희롱ᄒᆞ야 ᄀᆞᆯ으ᄃᆡ 유
대아 사ᄅᆞᆷ의 님군은 평안ᄒᆞ냐 ᄒᆞ고 그 몸에 춤도 밧
고 갈ᄃᆡ를 취ᄒᆞ야 그 머리를 치더라 희롱을 못치매
그 도포를 벗기고 본옷ᄉ로 써 닙히고 십ᄌᆞ가에 못
박으려 ᄒᆞ야 ᄭᅳ으ᄂᆞᆫ지라 십ᄌᆞ가에 못박은 후에 그 옷
슬 져비ᄲᅩᆸ아 난호니 못 군ᄉ ㅣ 안져 직희고 또 ᄒᆞᆫ 명패
를 가지고 그 머리 우희 두고 글을 써셔 ᄀᆞᆯ으ᄃᆡ 유대
아왕 예수 ㅣ 라 ᄒᆞ고 때에 두 도적을 예수와 ᄒᆞᆫ

가지로십ᄌᆞ가에못박을식ᄒᆞᆫ나흔원편에ᄒᆞ고ᄒᆞ나
흔올흔편에ᄒᆞ더라○지나가ᄂᆞᆫ쟈ㅣ 예수를ᄭᅮ지
며머리를흔들며ᄀᆞᆯᄋᆞ되너ㅣ셩뎐을헐고삼일만에
셰운다ᄒᆞ니이제맛당히ᄌᆞ긔를구완ᄒᆞᆯ지니라너ㅣ
만일 텬쥬아ᄃᆞᆯ이어든가히십ᄌᆞ가로부터ᄂᆞ려오
라ᄒᆞ더라ᄉᆞ교쟝와강경쟈와두민들이ᄯᅩᄒᆞᆫ이ᄀᆞᆺ치
긔롱ᄒᆞ야ᄀᆞᆯᄋᆞ되뎌ㅣ다ᄅᆞᆫ사ᄅᆞᆷ은구완ᄒᆞ고ᄌᆞ긔ᄂᆞᆫ
능히구완치못ᄒᆞᄂᆞᆫ도다만일이스라엘님군이면이
제십ᄌᆞ가로부터ᄂᆞ려오면우리가곳밋어ᄒᆞ리라뎌
ㅣ 텬쥬를밋어ᄒᆞᆫ다ᄒᆞ니만일 텬쥬ㅣ깃버ᄒᆞ시
면이제반ᄃᆞ시건짐을보리라대개뎌ㅣᄀᆞᆯᄋᆞ되나ㅣ
텬쥬의아ᄃᆞᆯ이로라ᄒᆞ고ᄒᆞᆷᄭᅴ못박은도적이욕ᄒᆞ기
를ᄯᅩᄒᆞᆫ이ᄀᆞᆺ치ᄒᆞ더라○오시졍으로부터미시죵ᄭᆞ
지두루ᄯᅡ히캄캄ᄒᆞ야어두온지라신시초에니르러
예수ㅣ크게소리ᄒᆞ야불너ᄀᆞᆯᄋᆞ샤되내 쥬여내
쥬여엇지ᄒᆞ야나를ᄇᆞ리셧ᄂᆞᆫ고ᄒᆞ시고 예수ㅣ다
시크게소리ᄒᆞ고부르시니긔운이ᄃᆞ되여ᄭᅳᆫ허지
더라홀연이셩뎐안회쟝막이우흐로부터아래ᄭᆞ
지ᄶᅵ여져ᄃᆞᆯ이되고ᄯᅡ히진동ᄒᆞ고ᄃᆞᆯ이부셔지니
빅뷰쟝과밋ᄒᆞᆷᄭᅴ 예수를직희ᄂᆞᆫ쟈ㅣ디동과다
못지내ᄂᆞᆫ바일을보고심히두려워ᄒᆞ야ᄀᆞᆯᄋᆞ되이
ᄂᆞᆫ참 텬쥬아ᄃᆞᆯ이로다ᄒᆞ더라

○旣暮有一富者自亞利馬太亞來名要習 耶穌之
徒也入見彼羅都求 耶穌屍彼羅都命與之要習取
屍裹以潔枲布置己礬中所鑿之新墓轉大石於墓門而
去有瑪利亞漢大利那及他瑪利亞對塋而坐明日司
教者巴唎西人集見彼羅都曰主我儕憶彼誘人者生
時嘗言三日後我必復活是以請命固守其塋三日恐
其徒夜來盜之而以從死復活告民如是則後謬更大
於前矣彼羅都曰爾有守兵可往盡爾心固守之遂往
固守塋封石設兵焉

임의져물미ᄒᆞᆫ부쟈ㅣ앗사아리마태아로부터오ᄂᆞ
니그일홈은요습이라ᄒᆞ고 예수의문도ㅣ니 (그ᄯᅢ에 요습이

照萬民光 〈 예수슈란 十九 ─ 四十四

라ᄒᆞᄂᆞᆫ유대아사ᄅᆞᆷ이만흐니이ᄂᆞᆫ셩모마리아의남편 아나오유대에속ᄒᆞᆫ골아리마틔아셔오ᄂᆞᆫ사ᄅᆞᆷ이니라) 드러가비라도
를보고 예수시톄를구ᄒᆞ니비라도ㅣ명ᄒᆞ야주더
라요습이시톄를가져조찰ᄒᆞᆫ삼뵈로ᄡᅥᄡᆞ고임의반
셕가온ᄃᆡ새로판무덤에두고큰돌을묘문에구을녀가
더니마리아막다릐나와ᄯᅩ다른마리아ㅣ무덤을ᄃᆡᄒᆞ
야안젓더라명일에ᄉᆞ교자와바리새인이모도여
비라도를보고ᄀᆞᆯᄋᆞᄃᆡ우리무리ㅣ뎌남을달넌자ㅣ
생시에자조말ᄒᆞ되ᄉᆞ흘후에나ㅣ반ᄃᆞ시다시
사라나겟다고ᄒᆞᆷ을긔억ᄒᆞ니이러므로ᄡᅥ명ᄒᆞ야ᄀᆞᆺ
게그무덤을세날만직희기를쳥ᄒᆞᄂᆞ이다그문도
ㅣ밤에와도적ᄒᆞ야ᄡᅥ죽음으로조차다시사라낫

다고빅셩의게고홀가두려워ᄒᆞ노라이갓ᄒᆞ면곳후
에속임이젼에ᄒᆞᆫ것보담더크리이다ᄒᆞ니비라도ㅣ
ᄀᆞᆯ으ᄃᆡ너희게직희ᄂᆞᆫ군ᄉᆞ들이잇ᄂᆞ니가히가서너
희ᄆᆞ옴을다ᄒᆞ야굿게직희라ᄒᆞ니드ᄃᆡ여가셔그무
덤을굿게직힐셰돌을봉ᄒᆞ고군ᄉᆞ를베푸더라

耶穌復活

예수ㅣ부활ᄒᆞ신거시라

安息日既過七日之首日天將明時瑪利亞漠多利那
及他瑪利亞至欲觀其塋忽然地大震　主之使者自
天而下進前移墓門之石而坐其上容光如電衣白如
雪守墓者恐懼戰慄若死天神謂婦曰勿懼我知爾尋
釘十字架之　耶穌彼不在此已復活如其所言爾來
觀　主葬處且速往告其徒言　主從死復活先爾往
加利里亞在彼得見之我曾告爾矣婦急離墓懼且大
喜趨報門徒報時　耶穌遇之曰願爾安婦遂進前抱
其足拜之　耶穌曰勿懼歸報我兄弟可往加利里亞

在彼得見我矣○當日旣暮門徒畏猶佐亞人於所集
之處閉門 耶穌至立於中曰爾衆平安言時以手及
脇示之門徒見 主則喜 耶穌又曰爾衆平安似
父遣我我亦遣爾言竟噓氣曰領受 聖神爾赦誰之
罪誰之罪卽赦爾定誰之罪誰之罪卽定矣○門徒十
一人往加利利埋至 耶穌所言之山旣見 耶穌則
拜之然猶有疑者 耶穌進前謂之曰天地諸權已與
我矣爾往招萬民爲徒因 父 子 聖神之名施洗
教之守我所命爾者且我常與爾同在至世末焉
안식일을임의지나매칠일첫날에(유대국사ᄅᆞᆷ이녜셩교 디로츈ᄒᆞ휴동여ᄉᆞᆺ날ᄉᆞ
이예법절을보고ᄆᆡ양닐곱재날에니르러안식일이라ᄒᆞᄂᆞᆫ명절을직희여 그날ᄉᆞ이에일을도모보고셩경을도리오고텬쥬를특별이공경ᄒᆞᄂᆞᆫ지라)

(예수ㅣ여ᄉᆞᆺ지날에십ᄌᆞ가에못박혀죽엇다가안식일ᄉᆞ이에시례가무덤에 가만이쉬시고칠일첫날에부활ᄒᆞ셧시니셩교ᄒᆞᄂᆞᆫ사ᄅᆞᆷ들이텬하에모도그
칠일첫날을쥬일이라ᄒᆞ고또ᄒᆞᆫ즁히녁여명절을삼아온갓 일을졍일ᄒᆞ허텬쥬의덕택을만히ᄉᆡᆼ각ᄒᆞ야샤례ᄒᆞᄂᆞ니라)하ᄂᆞᆯ이
장ᄎᆞᆺ밝을때에마리아막다릐나와밋다ᄅᆞᆫ마리아ㅣ
니르러그무덤을보고저ᄒᆞ더니홀연이ᄯᅡ히크게진
동ᄒᆞ고 쥬의ᄉᆞ자ㅣ(텬신이라)하ᄂᆞᆯ노부터ᄂᆞ려와압회
나아가묘문돌을옴기고그우희안즈니얼골빗치
번개ᄀᆞᆺ고옷희기가눈ᄀᆞᆺᄒᆞᆫ지라무덤을직희ᄂᆞᆫ자
ㅣ두려워ᄒᆞ고ᄯᅥᆯ녀죽은이와ᄀᆞᆺ더라텬신이부인
의게닐너ᄀᆞᆯᄋᆞ디두려워ᄒᆞ지말나나ㅣ너희가십ᄌᆞ
가에못박으신 예수를찻ᄂᆞᆫ줄아노라뎌ㅣ여긔
잇지아니ᄒᆞ시고임의마시사라나기를그말ᄒᆞ신

것과굿치ᄒᆞᆫ셧사니녀희와셔 쥬의장ᄉᆞᄒᆞᆫ신곳
을보고또ᄒᆞᆫ빨니가그문도ᄃᆞ려고ᄒᆞ야말ᄒᆞ되 쥬
ㅣ죽음으로조차다시사라나셔녀희보다몬져가
리리아에갓셔시니녀ᄃᆡ긔잇서시러곰뵈일거시니
나ㅣ일죽녀희게고ᄒᆞ노라ᄒᆞ더라부인이급히무
덤을떠날시두려워ᄒᆞ고또ᄒᆞᆫ크게깃버ᄒᆞ야ᄃᆞ르문
도의게보ᄒᆞ니라보훌때에 예수ㅣ맛나골ᄋᆞ샤ᄃᆡ
녀희가평안ᄒᆞ기를원ᄒᆞ노라ᄒᆞ시니부인이드ᄃᆡ여
압희나아가그발을안고절ᄒᆞ나 예수ㅣ골ᄋᆞ샤ᄃᆡ
두려워말고도라가내형뎨ㅣ(문도ㅣ라)의게보ᄒᆞ되가히가리
리아에가며긔잇서시러곰나를보리라ᄒᆞ라ᄒᆞ시더
라○당일이임의져물미문도ㅣ유대아사름을두려
워ᄒᆞ야모도인바곳에문을닷닷더니 예수ㅣ니르
러그가온대셔셔골ᄋᆞ샤ᄃᆡ녀희무리평안잇ᄉᆞᆯ지어
다ᄒᆞ시고말ᄉᆞᆷᄒᆞ실때에손과맛가리ᄃᆡ로써뵈이시
니(오쥬예수ㅣ뎨손과가리ᄃᆡ를문도의게뵈이심은십ᄌᆞ가에슈고ᄒᆞ실때에손과발은못박히며가리ᄃᆡ는군ᄉᆞ의창으로찔녀상ᄒᆞ니예수ㅣ부활ᄒᆞ신後에도이상쳐의자최를뵈여ᄌᆞ긔진실노죽엇다가다시사라나신줄노알게ᄒᆞ심이니라) 문도ㅣ 쥬를보고
곳깃버ᄒᆞ니라 예수ㅣ또골ᄋᆞ샤ᄃᆡ녀희무리평안잇
ᄉᆞᆯ지어다 셩부ㅣ나를보내심과굿치나도녀를보내
노라ᄒᆞ시고말ᄉᆞᆷ을맛치시미긔운을불어골ᄋᆞ샤ᄃᆡ
셩신을밧으라녀희가누굴넌지죄를샤ᄒᆞ거든그
죄를곳샤ᄒᆞ고녀희가누굴넌지죄를명ᄒᆞ거든그

죄를곳뎡ᄒᆞᆯ만ᄒᆞ다ᄒᆞ시더라 오쥬예수ㅣ이젼에ᄒᆞᆫ번셩베드루의게이런말ᄉᆞᆷ을ᄒᆞ시고이때에모든종도의게다시ᄒᆞ심은이는예수ㅣ모든종도를죄샤ᄒᆞᄂᆞᆫ권으로써주심이니ᄎᆞᄎᆞ젼ᄒᆞ야이제셩교회즁에쥬교와신부ᄭᆞ자니ᄅᆞ니라

○문도열ᄒᆞᆫ사ᄅᆞᆷ이가리리아에가셔 예수ㅣ말ᄉᆞᆷᄒᆞ신바산에니ᄅᆞ러임의 예수를보고곳절ᄒᆞ나오히려의심ᄒᆞᄂᆞᆫ자ㅣ잇거ᄂᆞᆯ 예수ㅣ압흐로나아와닐너ᄀᆞᆯᄋᆞ샤ᄃᆡ하ᄂᆞᆯ과따희모든권세가임의나를주신거시니너희가가셔만민을불너문도를삼으ᄃᆡ 부와 ᄌᆞ와 셩신의일홈을인ᄒᆞ야세를베풀고나ㅣ너희게명ᄒᆞᆫ바를ᄀᆞᄅᆞ쳐직희게ᄒᆞ라ᄯᅩᄒᆞᆫ나ㅣ홍샹널노더브러ᄒᆞᆫ가지로세상이ᄆᆞᆺ도록잇ᄉᆞ리로다ᄒᆞ시더라

耶穌升天

예수ㅣ하ᄂᆞᆯ에오ᄅᆞ신거시라

耶穌受難後以多確據向所選之宗徒顯復活四十日間現已於彼等論 天主國之道 耶穌集宗徒命之云勿離耶路撒廩當待 父所許者卽爾聞於我也蓋要翰施洗以水惟爾不多日必受洗於 聖神矣亦聖神臨時爾則必得能力且爲我作證於耶路撒廩舉猶太沙馬里亞以至地極○ 耶穌言畢率之至白大尼亞衆手祝之祝時離衆升天門徒觀之有雲接之而不見 耶穌升時門徒注目仰天有二人白衣傍立曰加利里亞人胡爲仰天而立此離爾升天之 耶穌爾

見其如是升天後亦必如是而來也宗徒自奧里瓦山
歸耶路撒冷
예수ㅣ고란을밧으신후에확실ᄒᆞᆫ빙거ㅣ만흠으로
써갈흰바종도(이때종도ㅣ열ᄒᆞ나히니유다스ㅣ임의스ᄉᆞ로ᄌᆞ결ᄒᆞ엿ᄂᆞ니라)를향ᄒᆞ샤그부
활ᄒᆞ심을(그부활ᄒᆞ심은곳예수ㅣ다시사라나심이니라)나타내셧시니ᄉᆞ십일ᄉᆞ
이에ᄌᆞ긔더들의게나타내시고 텬쥬나라희도를
의논ᄒᆞ신지라 예수ㅣ종도를모도아명ᄒᆞ야닐ᄋᆞ
샤ᄃᆡ예루사름을떠나지말고맛당히 셩부(텬쥬ㅣ시니라)ᄁᆡ
셔허락ᄒᆞ신바쟈를기ᄃᆞ려라곳너희가내게셔드른
거시니라대개요안은(요안세쟈ㅣ니라)물노써셰를베플거니
와오직너희ᄂᆞᆫ오래지아냐반ᄃᆞ시셰를 셩신의

게밧으리라또ᄒᆞᆫ 셩신이강림ᄒᆞ실때에너희곳
반ᄃᆞ시능과힘을닙으리니또ᄒᆞᆫ나를위ᄒᆞ야예루사
름과온유다와사마리아에증참ᄒᆞ야써다극에니
를거시니라ᄒᆞ시더라○ 예수ㅣ말ᄉᆞᆷ을뭇치시미
문도를거ᄂᆞ리시고벳다니아(벳다니아는예루사름동대문밧긔오리와산에갓가온동니니라)
에니르러손을들어축복ᄒᆞ신지라축복ᄒᆞ실때에
모든이를떠나하ᄂᆞᆯ에오르실ᄉᆡ문도ㅣ보니구름
이잇서영접ᄒᆞ야보지못ᄒᆞ게ᄒᆞᆫ지라 예수ㅣ올
나가실때에문도ㅣ눈을ᄡᅩ와하ᄂᆞᆯ을우러르니두
사름이(텬신둘이사름의형샹을삼아나타내심이니라)흰옷ᄉᆞ로겻희셔셔ᄀᆞᆯᄋᆞᄃᆡ
가리리아사름은엇지ᄒᆞ야하ᄂᆞᆯ을우러러셔ᄂᆞ뇨

이너희를리별ᄒᆞ시고하ᄂᆞᆯ에오ᄅᆞ신 예수ᄭᅴ셔너
희가그이ᄀᆞᆺ치하ᄂᆞᆯ에올나가심을보앗시니후에또
ᄒᆞᆫ반ᄃᆞ시이ᄀᆞᆺ치오시리라ᄒᆞ시더라(텬신들이이말을ᄒᆞ심은 예수ㅣ세샹망ᄒᆞᆯ때에
다시모든사ᄅᆞᆷ을심판ᄒᆞ오실줄알외ᄂᆞ니라) 종도ㅣ오리와산으로부터예루사름
에도라가니라

聖神降臨

성신이강림ᄒᆞ신거시라

五旬節旣至門徒皆同心集一處忽自天有聲如奮迅
之風充滿其所坐之室遂見火焰如舌分而止各人上
門徒遂皆滿被 聖神按 聖神所賜之口才而言各
國之方言時有敬虔之猶低亞人自天下諸國而來寓
耶路撒廩此聲一作衆集聽門徒依衆人方言而語則
駭驚奇相告曰言者非皆加利里亞人乎何我等各聞
其言我本國之方言乎○於是衆奇之猶預相問曰此
何故耶伯多樓與十一徒立揚聲曰猶低亞人與耶路
撒廩居民悉宜知之請聽我言爾知 天主以拿慈勒

人 耶穌行奇事異跡於爾中實爲 耶穌立據以示
爾彼旣 天主定旨勅命被解爾曹果以不義之手取
之而釘死於十字架然而彼受難死後 天主救之復
活我等皆爲此事作證故 耶穌旣高擧在 天主右
受 父所許之 聖神則以此降賦是爾曹所見所聞
也然則畢以斯羅列家宜確知爾釘十字架之 耶穌
天主立之爲 主爲 基利斯督矣○衆聞此言心中
如刺問伯多樓及餘宗徒曰兄弟我當何爲伯多樓曰
爾曹宜悔改奉 耶穌基利斯督名領洗使罪得救如
是可受 聖神矣蓋所許者乃許爾並爾子孫及在遠
方之人卽 主天主所召者也伯多樓又以多言勸諭

之曰汝曹宜自赦離此邪世○是日悅納其言者咸受
洗門徒之數增至三千人皆恒守宗徒之訓及交際之
道且常擘餠祈禱宗徒多行奇事異蹟民皆敬畏之信
者皆在一處有無相通有所需變物產分之日日一心
在殿在家擘餠歡喜誠實而食讚美 天主獲愛於民
主以得救之人日增其會焉

오순졀(오순졀은유대아녯셩교에지극히큰명졀이니유월졀후 오십일에ᄒᆡ마다직힐거시니오순졀이라닐ᄏᆞ르니라)이 임의니르미문도ㅣ다동심ᄒᆞ야ᄒᆞᆫ곳에모도이니믄득하ᄂᆞᆯ노부터소ᄅᆡ잇서ᄲᆞ른바람ᄀᆞᆺᄒᆞ야그안즌바집에ᄎᆞ고가득ᄒᆞᆫ거ᄂᆞᆯ드ᄃᆡ여보니불ᄭᅩᆺ치혀ᄀᆞᆺᄒᆞ야(하ᄂᆞᆯ에서ᄂᆞ려오ᄂᆞᆫ불ᄭᅩᆺ치형샹은혀와ᄀᆞᆺᄒᆞᆫ단말이니라) 난호고각각사ᄅᆞᆷ우희ᄀᆞᆺ치니문

도ㅣ드듸여다 셩신을가득히닙어 셩신이주신
바ᄀᆞ져ᄅᆞᆯ안찰ᄒᆞ야각각나라희방언으로만ᄒᆞᆫ지라
때에경건ᄒᆞᆫ경건ᄒᆞᆷ은진심으로텬쥬ᄅᆞᆯ섬김이니라유대아사ᄅᆞᆷ들이잇서텬
하모든나라흐로부터와셔예루사름에붓치엿더니
옛유대아사름의ᄌᆞ손들이그때에텬하다국으로흔이가머므럿시니흑명졀이되거든그런사ᄅᆞᆷ들이ᄌᆞ조샹의본국으로도라가명졀을보ᄂᆞ니라이
소리ᄅᆞᆯᄒᆞᆫ번지으니뭇사ᄅᆞᆷ이모도여듯ᄂᆞᆫ지라문도
ㅣ뭇사ᄅᆞᆷ의방언을의지ᄒᆞ야말ᄒᆞ니곳놀나더라놀
나고긔이히넉여서로고ᄒᆞ야ᄀᆞᆯᄋᆞ되말ᄒᆞᄂᆞᆫ쟈ㅣ다
가리리아사ᄅᆞᆷ들이아니냐엇지우리등에각각그사
ᄅᆞᆷ이우리본국방언으로말ᄒᆞᆷ을듯ᄂᆞ냐ᄒᆞ더라○이
예뭇사ᄅᆞᆷ이긔이히넉여의심ᄒᆞ고서로무러ᄀᆞᆯᄋᆞ되

이ᄂᆞᆫ엇던연고ㅣ냐ᄒᆞ니베드루ㅣ열ᄒᆞᆫ종도본ᄃᆡ열둘종도즁에
ᄒᆞ나유다스ㅣ스승예수ᄅᆞᆯ원슈의게붓쳐셔실망ᄒᆞ고ᄌᆞ결ᄒᆞ야죽엇시니남은열ᄒᆞᆫ종도ㅣ예수ㅣ승텬ᄒᆞᆫ후에홈긔ᄒᆞ야ᄯᅩᄒᆞᆫ마디아ㅣ라날ᄏᆞᆺᄂᆞᆫ
사ᄅᆞᆷ을갈희고종도ᄅᆞᆯ삼으니셩신강림ᄒᆞ실ᄯᅢ예베드루와홈긔종도ㅣ열ᄒᆞ나히잇ᄂᆞ니라로더부러셔셔소
리ᄅᆞᆯ날녀ᄀᆞᆯᄋᆞ샤ᄃᆡ유대아사ᄅᆞᆷ과다못예루사ᄅᆞᆷ
에거ᄒᆞᄂᆞᆫ빅셩은맛당히알지니내말을듯기ᄅᆞᆯ청ᄒᆞ
노라녀희가 텬쥬ᄭᅴ셔나자렛사ᄅᆞᆷ 예수로써
긔이ᄒᆞᆫ일과이샹ᄒᆞᆫ힝젹을너희가온대힝ᄒᆞ신줄
아ᄂᆞᆫ거슨실샹 예수ᄅᆞᆯ위ᄒᆞ야증거ᄅᆞᆯ세워써너
희게뵈이심이니라뎌ㅣ예수ㅣ시니라임의 텬쥬의뎡지와
착명으로붓치임을닙으시니텬쥬의뎡지와착명은텬쥬ㅣ뎡ᄒᆞᆫ신뜻과식이신명령이니
라곳텬쥬ᄭᅴ셔스ᄉᆞ로아쟈못ᄒᆞᄂᆞᆫ것과그거륵ᄒᆞ신뜻밧긔되ᄂᆞᆫ일이도모지업ᄉᆞ나오쥬예수도텬쥬의뎡지와착명으로써고란을닙으셧ᄂᆞ니라

너희무리과연불의ᄒᆞᆫ손으로써취ᄒᆞ야못박아십ᄌᆞ가에죽엿시나그러ᄒᆞ나뎌ㅣ고란을밧고죽으신후에 텬쥬ㅣ구원ᄒᆞ샤다시살게ᄒᆞ시니우리등이 예수의문도ㅣ니라 다이일을위ᄒᆞ야증거ᄅᆞᆯ지으ᄂᆞᆫ지라고로 예수ㅣ임의놉히올나 텬쥬올흔편에계셔 셩부ㅣ허ᄒᆞ신바 셩신을밧아셔곳일노써ᄂᆞ리워듸와주시니이ᄂᆞᆫ너희무리본바ㅣ오드른바ㅣ니라그런즉온이스라얼집에 이스라얼집은곳모든유더아사ᄅᆞᆷ이니라 맛당히너희가십ᄌᆞ가에못박은 예수ᄅᆞᆯ 텬쥬ㅣ세워 쥬ᄅᆞᆯ삼고그리스도ᄅᆞᆯ삼으신줄굿게알나ᄒᆞ시더라 유더아사ᄅᆞᆷ들이모도녯셩교ᄅᆞᆯ의지ᄒᆞ야그나라와밋온세샹을구원ᄒᆞ실그리스도ㅣ란쟈ㅣ오시기ᄅᆞᆯᄇᆞ랏시니셩베드루ㅣ이말ᄉᆞᆷ으로오쥬예수ㅣ그ᄇᆞ란바그리스도인줄알게ᄒᆞ니라

○뭇사ᄅᆞᆷ이이말을듯고ᄆᆞᄋᆞᆷ가온ᄃᆡ찌ᄅᆞᄂᆞᆫ것ᄀᆞᆺᄒᆞ야베드루와밋남은종도의게무러ᄀᆞᆯᄋᆞᄃᆡ형뎨아 유더아사ᄅᆞᆷ이종도와ᄀᆞᆺ치모도ᄒᆞᆫ시조의ᄌᆞ손들인고로홍샹서로형뎨ㅣ라피ᄎᆞ부ᄅᆞᄂᆞ니라 우리ᄂᆞᆫ맛당히엇지ᄒᆞᆯ고ᄒᆞ니베드루ㅣᄀᆞᆯᄋᆞ샤ᄃᆡ너희무리맛당히뉘웃치고곳쳐 예수그리스도의일홈을밧드러세롈령ᄒᆞ라죄로ᄒᆞ여곰샤홈을엇을거시니이ᄀᆞᆺ치ᄒᆞ면 셩신을밧으리라대개허ᄒᆞ신바쟈ㅣ 셩신이강림ᄒᆞ시ᄂᆞᆫ거시니라 이에너희와너희ᄌᆞ손과밋먼ᄃᆡ잇ᄂᆞᆫ사ᄅᆞᆷ의게아올나허ᄒᆞ시리니곳 쥬텬쥬ㅣ부ᄅᆞ실바쟈ㅣ니라ᄒᆞ시더라베드루ㅣ또ᄒᆞᆫ만흔말노써권ᄒᆞ고효유ᄒᆞ야ᄀᆞᆯᄋᆞ샤ᄃᆡ너희무리가맛당히스ᄉᆞ로구원ᄒᆞ야이

사특ᄒᆞᆫ셰상을떠나라ᄒᆞ시더라○이날에그말을깃버히밧ᄂᆞᆫ쟈ㅣ다세례ᄅᆞᆯ밧으니문도의수ㅣ더ᄒᆞ야삼쳔사ᄅᆞᆷ에니르ᄂᆞᆫ지라다ᄒᆞᆼ상종도의훈계와밋사괴ᄂᆞᆫ도ᄅᆞᆯ직희고ᄯᅩᄒᆞᆫ샹힘ᄯᅥᆨ을쪽의여괴도ᄒᆞ니종도들이긔이ᄒᆞᆫ일과이상ᄒᆞᆫ힝적을만히힝ᄒᆞ디ᄇᆡᆨ셩이다공경ᄒᆞ고두려워ᄒᆞ더라밋ᄂᆞᆫ쟈ㅣ다ᄒᆞᆫ곳에잇서잇고업ᄂᆞᆫ거ᄉᆞᆯ서로통ᄒᆞ고구ᄒᆞᄂᆞᆫ바ㅣ잇ᄉᆞ면물건과산업을밧고아난호고나ᄂᆞ리ᄒᆞᆫᄆᆞ음으로셩뎐에잇고집에잇서ᄯᅥᆨ을쪽의여깃버셩실ᄒᆞ야먹더라 텬쥬ᄅᆞᆯ찬미ᄒᆞ고ᄇᆡᆨ셩의게ᄉᆞ랑ᄒᆞᆷ을엇으니 쥬ㅣ구완을엇ᄂᆞᆫ사ᄅᆞᆷ으로ᄡᅥ날마다그교회ᄅᆞᆯ더ᄒᆞ게ᄒᆞ시더라

宗徒行蹟

종도의힝적이라

門徒往四方傳道 主相之以異蹟徵其道宗徒力證主耶穌復活皆獲大寵且於民間廣行異蹟奇事人扶病者出於衢置之床榻冀伯多祿過其影或庇之鄰邑之衆咸集與病人及被邪神所難者至耶路撒冷皆得愈○時伯多祿曰今我眞知 天主不以貌取人各國中有敬畏 天主而行義者必爲 主所喜爾曹知天主托萬民主 耶穌基利斯督傳和平福音以斯道授以斯羅列民卽要翰傳教施洗之後所始言於加利里亞而宣遍於猶太之道也爾又知 天主以 聖神

以才能賜拿慈勒人 耶穌 耶穌蒙 天主默佑週遊行善治魔鬼所挾制者其在猶太耶路撒廪所行我等爲證但人懸木殺之 天主三日甦之顯以示人非顯於衆民乃顯於 天主預選以爲證者卽我等於其復活後與之同飮食者也 耶穌又命我等傳道於民證彼爲 天主所立定審判活人死人之主諸先知者亦爲之證曰凡信之者必因其名得罪赦

문도들이ᄉᆞ방에가셔도를젼ᄒᆞᆯ새 쥬ㅣ도으샤긔이ᄒᆞᆫ힝젹으로써그도를증거ᄒᆞ시더라 종도들이힘써 쥬 예수부활ᄒᆞ심을(부활ᄒᆞ심은죽으신후에다시사라나심이니라) 증참ᄒᆞ야다그게은춍(은춍은텬쥬의덕과ᄉᆞ랑ᄒᆞ심이니라)을엇고또ᄒᆞᆫ민간에이샹ᄒᆞᆫ힝

젹과긔이ᄒᆞᆫ일을널니힝ᄒᆞ니사ᄅᆞᆷ이병돈쟈를붓들고거리에나와평상과자리에노코베드루ㅣ지나갈제그그림ᄌᆞ나혹덥흘가ᄇᆞ라더라니웃고을에뭇사ᄅᆞᆷ이다모도여병인과및샤신힐난ᄒᆞᆷ을닙은쟈를다리고예루사름에니르러다나흠을엇더라○때에베드루ㅣ굴ᄋᆞ샤ᄃᆡ이제나ㅣ좀 텬쥬ㅣ모양으로써사ᄅᆞᆷ을취ᄒᆞᆫ지아니ᄒᆞ시ᄂᆞᆫ줄아노니(텬쥬긔셔ᄉᆞ졍업시공변되고고로) (게ᄒᆞ사각국사름을모도ᄀᆞᆺ치녁이신단말이라) 각국즁에 텬쥬를공경ᄒᆞ야두려워ᄒᆞ고올흔일을힝ᄒᆞᄂᆞᆫ쟈ㅣ잇ᄉᆞ면반ᄃᆞ시 쥬ㅣ깃버ᄒᆞ시ᄂᆞᆫ바ㅣ되리라너희무리ᄂᆞᆫ 텬쥬ㅣ만민의쥬 예수그리스도의게부탁ᄒᆞ사화평ᄒᆞᆫ복음

을젼케ᄒᆞ시며이도로써이스라엘ᄇᆡᆨ셩을주신줄아ᄂᆞ니곳요안이젼교ᄒᆞ며세례ᄅᆞᆯ베픈후에가리릐아에비로소말ᄒᆞ고유다에두루베픈바도ㅣ니라너희또ᄒᆞᆫ 텬쥬ㅣ 셩신으로ᄡᅳ고직능으로써나자릇사름 예수ᄅᆞᆯ주실ᄉᆡ 예수ㅣ 텬쥬ᄭᅴ좀좀히도으심을닙어두루ᄃᆞᆫ녀착ᄒᆞᆷ을ᄒᆡᆼᄒᆞ시고마귀로눌닌바쟈ᄅᆞᆯ의치ᄒᆞ신줄아ᄂᆞ니그유다와예루사름에계셔ᄒᆡᆼᄒᆞ신바ᄅᆞᆯ우리들이ᄌᆞᆼ참ᄒᆞᆫ지라다만사름이나무(십ᄌᆞ가말이라)에달아죽일ᄉᆡ 텬쥬ㅣ셔삼일만에다시살니샤나타내여써사름의게뵈이시니뭇ᄇᆡᆨ셩의게나타내심이아니라이에 텬쥬ᄭᅴ셔미리갈희여써ᄌᆞᆼ인삼은쟈의게나타내엿시니곳우리무리그부활ᄒᆞ신(부활ᄒᆞ심은예수ㅣ죽으신후에다시사라나심이니라)후에ᄒᆞᆫ가지로밥먹ᄂᆞᆫ쟈ㅣ니라 예수ㅣ또ᄒᆞᆫ우리들을명령ᄒᆞ샤도ᄅᆞᆯᄇᆡᆨ셩의게젼ᄒᆞ며뎌ㅣ 텬쥬ᄭᅴ셔세워뎡ᄒᆞ신바ㅣ니사ᄂᆞᆫ사름과죽은사름을ᄉᆞᆯ펴판단ᄒᆞ실쥬ㅣ됨을ᄌᆞᆼ거ᄒᆞ라ᄒᆞ시니모든션지쟈ㅣ(션지쟈ᄂᆞᆫ쟝리에될일을미리아ᄂᆞᆫ넷셩인이라)또ᄒᆞᆫᄌᆞᆼ참ᄒᆞ야ᄀᆞᆯᄋᆞ샤되무릇밋ᄂᆞᆫ쟈ㅣ반ᄃᆞ시그일홈을인ᄒᆞ야죄샤홈을엇으리라ᄒᆞ시ᄂᆞ니라

末篇

말편이라

○故當尤愼重所聞之道恐或遺之吾若輕視救道如此之大者豈能逭乎斯道乃 主始親言之而聞者徵明之於我等且 天主俾爲異蹟奇事賜以 聖神共證斯道蓋吾衆皆必立 基利斯督座前使各人身所行善惡受報主 耶穌借大能之天神以火燄自天照著罰不識 天主不服吾主 耶穌福音之人彼必受刑永苦被逐於 主前不得覲其耿光然而 主實寬我願人皆悔改不願有一人永亡我救 主天主欲衆知眞理而得救蓋 天主愛世甚至以其獨生 子賜

之使凡信 子者免永亡而得常生

그런고로맛당히더옥드른바도를삼가고즁히녁여혹일흘가두려워홀지니우리가구원ᄒᆞᄂᆞᆫ도ㅣ (구원ᄒᆞᄂᆞᆫ도ᄂᆞᆫ곳오쥬예수ㅣ세상을구원ᄒᆞ랴강셩ᄒᆞ신줄알게ᄒᆞᄂᆞᆫ도ㅣ니라) 이ᄀᆞᆺ치큼을경홀히보면엇지능히도망ᄒᆞ랴이도ᄂᆞᆫ이에 쥬ㅣ (오쥬예수ㅣ시니라) 처음에친히말ᄉᆞᆷᄒᆞ시고듯ᄂᆞᆫ쟈ㅣ (오쥬예수의문도ㅣ니라) 증거ᄒᆞ야우리무리게ᄇᆞᆰ히ᄂᆞᆫ지라또 텬쥬ㅣ이상ᄒᆞᆫ힝젹과긔이ᄒᆞᆫ일을ᄒᆞ게ᄒᆞ사 셩신으로써주어ᄒᆞᆫ가지로이도를증거ᄒᆞ셧ᄂᆞ니라대개우리무리가다반ᄃᆞ시 그리스도의어좌압희셔셔각사ᄅᆞᆷ으로ᄒᆞ여곰몸에힝ᄒᆞᆫ바착ᄒᆞ며악ᄒᆞᆫ거시갑홈을밧을지니쥬 예수ㅣ대

능ᄒᆞᄂᆞᆫ텬신ᄃᆞᆯ과ᄒᆞᆷᄭᅴ불ᄯᅳ거옴으로써하ᄂᆞᆯ노부터
ᄇᆞᆰ게나타나실시 텬쥬ᄅᆞᆯ모로며오쥬 예수의복
음을좃치아니ᄒᆞᄂᆞᆫ사ᄅᆞᆷ을벌주시리니뎌ᄃᆞᆯ이반ᄃᆞ
시형벌을밧아기리고셩ᄒᆞ야 쥬압희셔ᄶᅩᆺ참을닙
고시러곰그경광을보지못ᄒᆞᆯ지니라(세샹이ᄆᆞᆺ참망ᄒᆞᆯᄯᅢ에 오쥬예수ㅣ다시하ᄂᆞᆯ
에서강림ᄒᆞ샤텬하사ᄅᆞᆷ을모도 판단ᄒᆞ실줄을알게ᄒᆞᄂᆞᆫ말이라)그러나 텬쥬ㅣ샬노우리ᄅᆞᆯ
관유ᄒᆞ샤사ᄅᆞᆷ이다늬웃처곳치기ᄅᆞᆯ원ᄒᆞ시고사ᄅᆞᆷ
이ᄒᆞ나도영영히망ᄒᆞ기ᄅᆞᆯ원치아녀ᄒᆞ심은우리구
원ᄒᆞ시ᄂᆞᆫ 쥬텬쥬ㅣ시니모ᄃᆞᆫ사ᄅᆞᆷ진리(진리ᄂᆞᆫ도모지참 된셩교ㅣ니라)
ᄅᆞᆯ알아구원ᄒᆞᆷ을엇게코쟈ᄒᆞ심이니대개 텬쥬ㅣ
셰샹을사랑ᄒᆞ심이심히지극ᄒᆞ샤그ᄒᆞ나히신 아

ᄃᆞᆯ노써쥬샤무릇그 아ᄃᆞᆯ을밋ᄂᆞᆫ이로ᄒᆞ여곰영영
히죽음을면ᄒᆞ고샹ᄉᆡᆼ을엇게ᄒᆞ심이니라

照萬民光終

照萬民光(조만ㄴ

한국기독교 140주년 기념

발행일 : 2025.10.02
저　자 : 마크 네피어 트롤로프
발행인 : 윤영수
발행처 : 한국학자료원
주　소 : 은평구 연서로37길 40-1
전　화 : 02)3159-8050
팩　스 : 02)3159-8051
문　의 : 010-4799-9729
등록번호 : 제312-1999-074호
ISBN 979-11-7417-048-4 (93230)

(전 2권) 정가 150,000원